ASSÉDIO POR SEDUÇÃO

Do Autor:

NÃO TE DEVO NADA!
Como lidar com os passivos emocionais
que levam os relacionamentos à falência

SOLIDÃO NUNCA MAIS
Reconciliando-se com o Amor

DORMINDO COM O INIMIGO
Como escapar da tirania
nos relacionamentos

NO DIA DE HOJE
Reprogramando o destino
com um dia novo a cada dia

ROBERTO BO GOLDKORN

ASSÉDIO POR SEDUÇÃO

O uso da linguagem para manipular
os sentimentos alheios

Copyright © 2007, Roberto Bo Goldkorn

Capa: Raul Fernandes, com foto de Ebby May/GETTY Images

Composição: DFL

2008
Impresso no Brasil
Printed in Brazil

CIP-Brasil. Catalogação na fonte
Sindicato Nacional dos Editores de Livros, RJ

G571a Goldkorn, Roberto Bo, 1950-
Assédio por sedução: o uso da linguagem para manipular os sentimentos alheios/Roberto Bo Goldkorn. — Rio de Janeiro: Bertrand Brasil, 2008.
240p.

ISBN 978-85-286-1303-2

1. Sedução — Aspectos morais e éticos. 2. Assédio — Aspectos morais e éticos. 3. Comunicação oral — Aspectos psicológicos. 4. Comportamento manipulador. 5. Conflito interpessoal. I. Título.

07-4486
CDD — 179.8
CDU — 179.8

Todos os direitos reservados pela:
EDITORA BERTRAND BRASIL LTDA.
Rua Argentina, 171 — 1º andar — São Cristóvão
20921-380 — Rio de Janeiro — RJ
Tel.: (0xx21) 2585-2070 — Fax: (0xx21) 2585-2087

Não é permitida a reprodução total ou parcial desta obra, por quaisquer meios, sem a prévia autorização por escrito da Editora.

Atendemos pelo Reembolso Postal.

SUMÁRIO

Introdução 9

1. O que É Assédio e o que É Sedução 13
2. O Sedutor em Mim 17
3. A Armadilha 21
4. Os Gurus Perversos 25
5. O Transe 37
6. Os Tipos 43
7. Abstração de Alto Nível, Indiferença
 e Despessoalização 67
8. As Motivações 73
9. O Poder Mágico da Palavra Escrita Versus Oral 83
10. O Jogo do "Me Engana que Eu te Engano" 99
11. O Assédio sem Palavras 109
12. Você Está Hipnotizaaado 113

13. Os Sedutores do Bem 127
14. O Sedutor como Motivador 135
15. A Sedução como Droga 143
16. O Medo, a Solidão e o Paraíso 159
17. O Seduzido Cria o Sedutor 175
18. O Sedutor Ensandecido (ou o Sedutor/Psicopata) 185
19. O Assédio por Sedução no Ambiente Corporativo 195
20. O Rebote 215
21. O Sedutor Distraído 219
22. O Rei da Noite 227

Final 231

DEDICATÓRIA E AGRADECIMENTOS

Dedico este livro a alguns dos eternos megassedutores: Moisés, Jesus, o Cristo, Maomé, Buda. Aos poetas sedutores da "música antes de todas as coisas". Através de suas palavras sempre sereias, gerações incontáveis foram seduzidas, mas não aprisionadas e sim libertadas das prisões do cotidiano.

Agradeço aos meus filhos Rafael, Roberta e Thaís Goldkorn por terem me seduzido, mas não escravizado.

INTRODUÇÃO

Como começou

Este livro não teria existido se não tivesse sido escavado do fundo do meu baú de possibilidades pela minha editora, Rosemary Alves. Foi ela que soprou o apito em primeiro lugar. Ela que, sempre alerta, me disse: *"Você deveria escrever um livro que falasse das pessoas que usam as palavras para enganar, enredar, seduzir. Principalmente nesses tempos em que nem mesmo é preciso mostrar o rosto, as palavras ficam muito mais perigosas, bailam sem identificação no éter, em busca de suas vítimas."* Ela nem precisou falar mais para me 'seduzir' com a sua idéia. Portanto, parte da 'culpa' também é dela.

Quando, na minha infância, eu morava no Rio convivi com grupos sociais muito heterogêneos. O fato de estudar em colégio da classe média alta, mas morar vizinho ao morro Dna. Marta, propiciava uma relação estreita com os meninos de lá. Nessa época eu já estava desenvolvendo a minha capacidade de oratória e, como lia muito, vivia metido em discussões sobre qualquer tema com os meus amigos do colégio. Porém, no dia que ensaiei uma discussão numa roda com os meninos do morro, um deles se levantou e disse com agressividade na minha cara: "Discussão é arma de otário", em seguida me deu as costas e saiu. Fiquei sem ação, afundado na minha impotência argumentativa. Aquele foi o primeiro toque que a vida me dava em relação à competência verbal. Minha capacidade de articulação com as palavras era uma arma, mas havia outras...

Desde então tenho prestado atenção não só na minha 'arma de otário', para que ela não fira inocentes nem me deixe em situação de desvantagem diante de armas mais, digamos, 'reais'. Como também no meu empenho em reforçar as defesas naturais das vítimas daqueles que usam artifícios verbais para enredar ouvidos incautos e desprotegidos.

À medida que amadurecia, fui vendo como algumas pessoas aprimoravam à excelência essa arma verbal, vitimando outras como se uma arma real estivessem empunhando.

Assédio por Sedução trata dessa competência danosa, por meio da qual, em vez de armas reais, são usadas as armadilhas das palavras para conquistar, constranger, humilhar, espoliar, aprisionar e seduzir (no mau sentido) outras pessoas.

O que vou mostrar neste livro, através de exemplos, *cases* e relatos, é como os assediadores intelectuais agem — seu *modus operandi* na rua, nas empresas e, agora, numa arena que lhes é muito, mas muito propícia mesmo, que é a internet, onde podem se limitar apenas às palavras sem nem mesmo mostrar o rosto, cujas expressões poderiam traí-los.

Do clássico '171' (número do artigo do Código Penal brasileiro que tipifica o estelionato), passando pelos seduto-

Introdução

res profissionais, até os fantasmas da internet, vamos mergulhar nesse mundo de palavras-laços que, ao contrário do que diz o provérbio popular, não são levadas pelo vento, mas agem na velocidade do pensamento, atingindo seus alvos, ou seja, a todos nós, seres sociais/culturais.

Um

O que É Assédio e o que É Sedução

O termo *assédio* ficou em voga a partir dos estudos de Heinz Leymann (1932-1999), psicólogo alemão que residia na Suécia. Na verdade, ele adotou o termo *mobbing*, cuja tradução é maltratar, perseguir, molestar. Termo empregado inicialmente para caracterizar a ação de grupos de crianças molestando, atazanando uma outra criança, acabou migrando para o ambiente profissional pelas mãos do próprio estudioso.

O trabalho de Leymann foi seguido pelos de outros estudiosos, até que a definição do termo e a sua adoção na legislação foram as seguintes: "Por *mobbing* entendem-se as ações repetidas e repreensíveis ou claramente negativas, dirigidas contra empregados de uma maneira ofensiva e que podem conduzir ao seu isolamento no grupo, no local de trabalho."*

---

* Citado por Marie-France Hirigoyen em *Mal-Estar no Trabalho*, Bertrand Brasil, Rio, 2005, p. 78.

Outros termos foram cunhados a fim de cobrir aspectos mais sutis desses comportamentos invasivos, como o *bullying*, também usado para descrever comportamentos abusivos entre as crianças, e só mais tarde esse termo migrou para o mundo adulto e para as relações dentro da empresa.

Todos esses casos podem ser traduzidos igualmente, sem perda de sentido, por assédio moral, onde o que se deseja é repelir, espantar, livrar-se da vítima, seja de que forma for. Sobre esse assunto fortemente interligado com o nosso, embora pelo lado oposto, sugiro com entusiasmo os livros de Marie-France Hirigoyen, *Mal-Estar no Trabalho — Redefinindo o assédio moral* e *Assédio Moral — A violência perversa no cotidiano*, da Editora Bertrand Brasil. Essa autora especializada em 'vitimologia', de cujo trabalho sou admirador, será citada com freqüência durante o desenrolar destas páginas.

A diferença fundamental entre o *mobbing* e o *bullying*, termos englobados em assédio moral, e o assédio por sedução é justamente esta: no primeiro caso, deseja-se expelir o indivíduo vitimizado do grupo ou local de trabalho com mais ou menos requintes de crueldade. No segundo, a pretensão é oposta: conquistar, aprisionar, escravizar, manter alguém que estiver submetido refém das vontades e humores do sedutor ou da sedutora. Assim, enquanto no Assédio Moral o que se pretende é, por meio da hostilização ostensiva ou sutil, livrar-se da vítima, no Assédio por Sedução a pretensão é encantar, hipnotizar a vítima para mantê-la sob o jugo do assediador/sedutor.

O termo *assédio* é empregado aqui para ressaltar o fator repetitivo, coercitivo da sedução. Posso seduzir uma platéia inteira durante uma palestra, posso ser sedutor numa festa com várias pessoas, abusando do meu charme e simpatia, posso até me divertir jogando a minha sedução enlatada sobre alguma incauta da vez, mas nada disso se caracteriza como *assédio*. Será justamente o aspecto sistemático, a tática pensada, a repetição dos procedimentos que irão caracterizar uma intenção determinada de seduzir de forma profunda, sinônimo de enredar, subjugar, mesmerizar etc. Ao leitor mais apressado pode parecer que há uma distância estelar entre as duas síndromes. Pode até parecer que o assediador moral é claramente um criminoso do mal, enquanto o sedutor é, digamos, um doce vampiro, alguém apenas imaturo que não aprendeu ainda a controlar seu eterno charme.

Logo nos vem à mente a figura de Don Juan, personagem mítico-literário, mais ou menos conhecido do público, mas sempre enevoado por uma aura de romance, poesia e encantamento. Quantas mulheres não devanearam um dia em ser 'vítimas' de Don Juan? De se entregarem de forma total e absoluta, rendida, de ficar 'de quatro' diante dos encantos inebriantes do galante sedutor? Que homem não sonhou, pelo menos uma vez, em encarnar essa figura, alguém com tamanho poder de seduzir que nenhuma mulher seria capaz de resistir a ele? O teatro, o cinema e a literatura freqüentemente lançam mão desse arquétipo de intensa magia e apelo inquestionável. Quem não viu e não se comoveu com *D. Juan de Marco*, estrelado por Johnny Depp e Marlon Brando?

Na tevê os programas humorísticos encenam o *sketch* de uma poção mágica que torna o mais insosso dos homens um sedutor irresistível ou um sedutor profissional que tenta passar seus dotes para alguém sem graça, desapetrechado de charme. Os grandes sedutores-vendedores de ilusões, de castelos de areia, de engodo são 'figurinhas carimbadas' na literatura mundial.

Vamos ver nas páginas que se seguem alguns exemplos desses personagens, de suas palavras mágicas e os efeitos que causam nas 'vítimas'. Vou reproduzir o famoso discurso de Marco Antônio no funeral de César, na peça *Júlio César*, de Shakespeare, um sermão do Padre Antônio Vieira, que usa as palavras para dar um verdadeiro nó na cabeça de seus ouvintes, e trechos da Bíblia e do cancioneiro medieval.

Vamos ver a ação desse balé, dessa esgrima desigual, onde sedutor e seduzido fazem seus movimentos aparentemente graciosos, mas ao final tão fatais para a vítima quanto o são para o pobre sapo que, fascinado pelo magnetismo da serpente, não conseguiu pular fora enquanto era tempo.

Por isso pode parecer a alguns que colocar um assediador moral no mesmo balaio de um assediador/sedutor é uma *'forçação* de barra'. Ao longo deste livro, vou tentar mostrar que há muito mais em comum entre essas práticas do que se imagina, e que embora elas tenham finalidades aparentemente opostas são igualmente perniciosas para as suas vítimas e obviamente também para quem pratica o 'delito'.

Tanto a vítima do assediador moral tem a sua vida manipulada por outros para que desvie de sua rota e se afaste (do trabalho, do grupo, do casamento, da família etc.) quanto a vítima do assédio por sedução terá quebrada a coluna vertebral da sua auto-estima. Ambas terão fraturados a sua autoconfiança, o seu amor próprio, e quase sempre sairão do episódio gravemente feridas.

Dois

O Sedutor em Mim

Desde longa data me habituei em ser chamado de 'sedutor', seja pela habilidade no uso da palavra, pela atenção e educação com que costumo tratar a todos ou pelo meu 'sorriso cativante' sempre a postos.

Ao início por vaidade e depois por comodismo, fui deixando passar essa idéia, e o termo sedutor colou; mesmo me incomodando um pouco, ele foi ficando.

Só muito recentemente fui me dar conta do uso que fazia do meu aparato sedutor, de suas nuanças, intensidades e direcionamento. Passei a ser mais consciente e a controlar de forma mais dura essa arma instintiva. Percebi que a sedução a torto e a direito implicava um *depois*, um 'o que fazer agora que consegui', uma responsabilidade, inclusive espiritual.

Pode parecer piegas a alguns o fato de eu citar *O Pequeno Príncipe**, mas há nele uma frase irretocavelmente correta: "Tu te tornas eternamente responsável por aquele a quem cativas" (leia-se seduz).

---

* *O Pequeno Príncipe*, de Antoine de Saint-Exupéry, Agir, 48ª ed., Rio, 2006.

Obviamente, trata-se de uma lei irrevogável num mundo ideal, mas exagerada ou mesmo irreal no mundo de verdade, onde cada vez menos valem os contratos, cada vez menos prevalecem os compromissos, e as defesas morais estão desmoronando.

Olhando para trás, percebi que muitos dos meus (e minhas) desafetos eram pessoas que antes se diziam apaixonadas por mim, que demonstravam seu fascínio, seu encantamento com a minha figura, e não escondiam isso. Fazendo uma auto-análise crítica e implacável, percebi também que havia seduzido aquelas pessoas por uma razão ou outra, com ou sem um objetivo em mente. E não se pode dizer que tenha sido uma sedução orquestrada, do tipo Don Juan, com rosas vermelhas, champagne e sussurros ao pé do ouvido; nada disso. Para quem tem uma liderança e uma ascendência natural sobre alguns tipos de personalidade, bastam apenas um sorriso de aceitação ou um abraço mais apertado, um menear de cabeça e algumas palavras de aprovação, disposição para ouvir e cumplicidade.

Para alguns, seduzir é como respirar, eles (ou elas)* não sabem viver sem isso. É, segundo a psicanálise, uma atitude narcisística, uma recuperação (ou preservação) do comportamento infantil, mas perigoso no adulto. Assim, há nessa sedução corriqueira uma boa dose de irresponsabilidade pueril. Exatamente como o desejo das crianças, tão intenso e ao mesmo tempo tão leviano.

Os americanos têm uma frase que cabe muito bem: *"The boy's will is the wind's will"* (o desejo dos meninos é como o

---

* Passarei a usar somente a forma masculina, exclusivamente com o intuito de facilitar a leitura.

vento, ou seja, a qualquer instante muda de direção e até de intensidade). Essa leviandade, com que eu mesmo exerci (e quem sabe até ainda exerça inconscientemente) a minha sedução, arrastou muitos desafetos, e hoje tenho clareza disso. Muitos construíram sobre mim expectativas que eu não poderia nem desejava contemplar, mas também nada fiz para dissuadi-los dessa expectativa. Talvez por medo de frustrar algo que nem eu mesmo sabia a dimensão, talvez por absoluta incompetência ou até por distração. Mas essa consciência, adquirida na investigação do fenômeno da sedução *nos outros*, muito me enriqueceu como ser humano.

Ao buscar entender como o processo de sedução se passava comigo, pude compreender melhor como ele se estrutura em ambos os lados da relação, e como passa a ser mórbido, pernicioso, passando então a ser chamado de assédio por sedução.

Atentei também para o uso da sedução no dia-a-dia, não só através de pessoas comuns, como também de artistas, políticos, esportistas e todos que estão (e fazem uso maciço) na mídia como principal veículo magnificador de sua sedução.

Ao longo do tempo fui percebendo que a capacidade de sedução, ou seja, de chamar a atenção do outro sobre si de forma benevolente, era uma habilidade natural com que a princípio toda criança nasce. Uma criança pequena, saudável e num meio minimamente 'normal' exerce uma sedução também natural sobre os adultos, de forma que eles lhe prestem atenção e se liguem nas suas necessidades básicas, incluídos aí alimento, afeto, carinho, calor corporal, higiene etc.

A primeira relação de sedução acontece entre a mãe e o filho — a criança sorrindo e se movimentando freneticamente, como que sinalizando um código secreto que diz:

"Eu sou seu filho querido, desejado, e você é a minha mãezinha amada. Então me abraça, me beija, troca a minha fralda, me dá de mamar e não me deixa cair, hein!"

A mãe fala palavras de carinho, num tom de voz claramente matizado e hipnótico, satisfaz as necessidades do bebê, aconchega-o no seu colo, apalpa-o, beija-o, aperta-o etc. *Essa é a maior escola de sedução por que pode passar um ser humano, principalmente quando a relação é entre mãe e filho.* Essa relação irá determinar em grande parte o comportamento dos homens em relação às mulheres ao longo de sua vida.

Por ser uma tese discutível e com fortes componentes culturais em suas variáveis, não vou aprofundar essa linha de pensamento, mas ela estará presente de uma forma ou de outra na gênese da sedução perversa tanto quando o agente é homem, tanto quando a vítima sistemática é mulher.

Três

A Armadilha

Há muitos anos conheci um mestre iogue brasileiro cuja fama de sedutor chegou até mim antes mesmo que eu o encontrasse. Pude privar da intimidade dele e me aproximar de alguns dos seus seguidores, todos ou quase todos apaixonados pela sua figura carismática, ressaltada por um sorriso beatífico no rosto.

Confesso que logo de início eu o invejei, pois via o olhar das mulheres soltando chispas de desejo em sua direção. Mas à medida que fui conhecendo melhor não só o próprio mestre como seu mundo, comecei a repensar o meu desejo secreto de 'quando eu crescer, quero ser como ele'.

Na época falava-se que ele era muito 'assediado', mas hoje percebo que tal 'assédio' não acontecia por acaso, ele o provocava de forma ostensiva ou, na maioria das vezes, sutil, tão sutil quanto podem ser um sorriso, um brilho nos olhos e meia dúzia de 'palavras-chave'.

Suas muitas mulheres eram sempre jovens cheias de vigor e amor para dar, e substituídas no posto assim que ficavam um pouco mais velhas; o incrível era que o estoque delas mostrava-se inesgotável.

Mas nem tudo eram flores no paraíso particular desse mestre. A sedução implicava 'responsabilidades' com o seduzido, as quais em hipótese alguma ele estava disposto a assumir, até porque seria humanamente impossível: apenas Krishna, por ser visto como um deus, foi capaz de seduzir e cuidar das suas quinze mil mulheres!

Comecei a perceber, por parte das mulheres, sinais de ressentimento, mágoa, insurgência e, é claro, ódio explícito. Ele tentava pairar acima dessas miudezas do varejo sentimental como o grande mestre que era. Mas, um dia, a mulher com que vivia carregou a filhinha do casal e fez a mudança. Segundo relatos, quando ele voltou de viagem, até os bocais das lâmpadas haviam sido levados!

O harém mostrava sinais de revolta, a fofoca comia solta e as tentativas de mostrar que o rei estava nu (na maioria das vezes estava mesmo) se sucediam. Todas queriam um naco do mestre, todas queriam um agrado, uma demonstração de seus poderes tântricos, e algumas até um pouco mais — um lugar ao 'sol', ou seja, no coração dele, e as mais modestas apenas o outro lado da cama. A todas essas mulheres ele acenava com uma esperança, desde que se mantivessem por perto, formando uma grande família que, no fundo, era criação e criatura do seu poder.

Foi nessa época que comecei a rever meus conceitos. Pensei no aspecto espiritual, em como aqueles vínculos iriam pesar na hora de ele desligar-se do corpo físico e evoluir. Pensei na síndrome do apego, que aprisiona tantas almas, impedindo-as de evoluir, de sutilizar-se.

A soma dos vínculos por frustração, por aspiração (aqueles que aspiravam ainda ter um lugar privilegiado ao lado direito do mestre, na cama ou na sala de ioga) e por adoração pura e simples formava uma teia na qual o mestre se encontrava enredado.

Assim, boa parte do seu tempo ele passava tentando apagar os incêndios das vaidades, das frustrações e dos desejos (frustrados) ardentes, acesos direta ou indiretamente por sua sedução. Mas isso, para mim que tenho uma visão espiritualista da vida, era apenas a *avant-première* do que acredito que iria acontecer depois de sua passagem ao plano espiritual.

Quando Jesus 'negou' de forma exemplar a vinculação parental com sua família, ele não estava sendo ingrato, como eu pensava há muitos anos, mas levantando a âncora que impede o espírito de ascender aos céus mais elevados.*

Obviamente o apego familiar é, na maioria das culturas, o mais poderoso empecilho, e por isso mesmo o que mais âncoras cria no processo de sutilização da alma no plano espiritual. Mas quando um 'guru' seduz e alimenta o amor e a paixão de muitos, ele multiplica essas âncoras, que mesmo ainda no plano físico cobram um preço à liberdade

---

* Falava ainda Jesus ao povo, e eis que sua mãe e seus irmãos estavam do lado de fora, procurando falar-lhe (Mateus 12,46), e alguém lhe disse: Tua mãe e teu irmão estão lá fora e querem falar-te (Mt 12,47).

Porém, ele respondeu a quem lhe trouxe o aviso: Quem é minha mãe e quem são os meus irmãos? (Mt 12,48)

E estendendo a mão para os discípulos disse: Eis minha mãe e meus irmãos (Mt 12,49).

Porque qualquer um que fizer a vontade de meu Pai celeste, este sim é meu irmão, irmã e mãe (Mt 12,50).

De outra feita o Mestre disse: Quem ama seu pai e sua mãe mais que a mim não é digno de mim, e quem ama seu filho ou sua filha mais que a mim não é digno de mim (Mt 10,37).

individual, tanto do guru sedutor quanto dos discípulos seduzidos.

Seduzir de forma narcisística, inconseqüente, apenas por vaidade ou estratégia de poder, gera conseqüências dilapidadoras. Se o sedutor não assumir plena responsabilidade pelos seduzidos e não estiver disposto a morrer por eles, abdicando de sua individualidade em favor deles, oferecendo sua carne e seu sangue por eles, estará amarrado num imbróglio emocional que o fará claudicar, tropeçar e perder-se no caminho. Mas, apesar disso, o Mestre supracitado era (e, ao que tudo indica, ainda o é) essencialmente do Bem, e NUNCA desejou intencionalmente o prejuízo para seus amantíssimos seguidores.

Quatro

Os Gurus Perversos

Conheci muitos outros gurus, mestres na habilidade de seduzir, seres de maior ou menor estatura moral e espiritual.

Um deles, que marcou a minha vida de forma definitiva, foi um dos maiores sedutores que conheci, na verdade um assediador/sedutor. Apesar de totalmente desprovido de encantos físicos e de educação formal, ele possuía uma obstinação e tenacidade na perseguição perversa de seus objetivos de conquista, que poucos escapavam de suas redes uma vez escolhidos como alvo.

Fui um desses escolhidos. No começo achei que minhas preces haviam sido atendidas e que um guru de verdade havia caído no meu quintal. Mas aos poucos fui descobrindo fissuras naquele semideus. E isso devo agradecer à minha Luz especial que ilumina as mentiras e as expõe em toda a sua obscenidade. Passei a tratá-lo com maior distanciamento e, como todo pesquisador, comecei a vê-lo como objeto de meus estudos e observações.

A técnica dele era rasteira, mas funcionava fantasticamente com um tipo de público específico. Como ele possuía inúmeras deficiências, atribuía-se o papel de intermediário entre as pessoas e seres espirituais altamente elevados, perfeitos, luminosos, compassionados, ou seja, ao mesmo tempo que tirava o foco da sua pessoa física dava um recado sutil aos seus possíveis críticos: "Se os mestres, que são perfeitos, me escolheram como seu veículo, quem é você para botar reparo em mim?"

Quem nunca sonhou em encontrar um velho e sábio mestre oriental de longas barbas brancas que sabe todas as respostas? Pois bem, ele era a ponte entre o meio mortal e esses 'seres de Luz'. Portanto, ele nunca falava em seu próprio nome, nunca era ele quem pedia, quem sugeria, quem mesmo ordenava: eram *eles,* os mestres invisíveis, que se consubstanciavam por seu intermédio, falavam pela sua boca e usavam o seu corpo desgracioso como instrumento. Essa era uma sedução de difícil oposição para as pessoas que acreditavam nessa realidade. Além disso, ele era possuidor de um charme especial, aquele ostentado pelas pessoas desprovidas de escrúpulos morais. Explico: para alguém que não se acha submetido às mesmas 'regras' morais e éticas dos comuns, mentir, por exemplo, passa a ser um exercício rotineiro, natural, indetectável por qualquer detector de mentiras, por mais moderno que seja.

Para muitas pessoas a realidade cotidiana é enfadonha, sem graça. Bem mais emocionante que dizer "Fui à esquina comprar um maço de cigarros" é afirmar (meio como quem libera uma informação ultra-secreta): "Fui encontrar um membro da alta hierarquia da maçonaria para uma confabulação que poderá decidir os destinos de boa parte do mundo ocidental!" Ah, os destinos do mundo... Ele fazia isso com maestria. Ele sabia como deixar cair uma 'meia informação' de forma a atiçar a nossa curiosidade. Lamentava-se diante de nós, por ficar tão relaxado com esses segredos 'cósmicos' dos quais era portador. E só ia liberando a tal 'informação tão importante' a conta-gotas e apenas porque éramos pessoas especiais. Quem não quer ser especial? Mais ainda, quem não quer ser considerado especial por alguém tão importante na esfera dos altos temas conspiratórios ocultos? Quando você é depositário de segredos tão secretos, torna-se merecedor da confiança de um ser tão distinto, acaba se sentindo o máximo, seu ego vai às alturas e a sua dívida com quem empinou o seu ego, idem.

Ele sabia fazer as pessoas se tornarem suas devedoras, mesmo quando era ele quem devia. Só que ele devia dinheiro, favores banais, coisas materiais, nada demais diante de dádivas tão incomensuráveis, como as que ele regalava de forma parcimoniosa.

Quando havia um casal a ser conquistado, ele primeiro o separava e depois criava nele um clima de ciúmes, embora sempre afirmando que o amava.

Quando era um grupo já existente, semeava a desconfiança, valorizava mais a uns que a outros, semeava sutilmente a fofoca, dividia para conquistar.

Quando a tarefa era ingrata, como pedir dinheiro ou favores materiais, por exemplo, ou declarar seus desejos sexuais por algum membro (feminino) do grupo, era sempre um dos 'espíritos mentores' que passava a mensagem. Tudo transcorria como se ele nada soubesse, é claro, levando à ridícula situação de as próprias pessoas terem de comunicar-lhe o que os 'mestres' haviam ordenado por seu intermédio. Ele sempre se *surpreendia* e, às vezes, até ameaçava um protesto, uma pequena rebeldia, mas tudo era pura encenação.

Assim ele separou casais, famílias; destruiu grupos, indivíduos; gerou sofrimento e revolta por onde andou; tudo isso somente depois de passado o transe das vítimas.

Uma de suas táticas favoritas era: "Preciso falar urgente com você. Fui incumbido de uma missão da maior importância; na verdade, a missão é sua, eu sou apenas o intermediário." As perguntas que logo vinham à mente da vítima eram: "Quem o incumbiu?" "Qual a missão?" "Por que eu?" Obviamente essas respostas eram postergadas ao máximo para que fosse criada uma expectativa, que em alguns virava uma angústia. As respostas eram vagas: Quem? "Eles" (acompanhada de um gesto de silêncio, com o dedo na boca e o olhar desconfiado à sua volta). A missão? "Bem, não estou autorizado a revelar tudo, mas só posso dizer uma coisa: você precisa ajudar o *mensageiro* (ele mesmo)." De que forma? "Isso veremos assim que eu receber o sinal." E o suspense continuava. Quando finalmente a grande revelação surgia, e era apenas uma ajuda financeira para o 'mensageiro' ou a determinação de conduzi-lo a algum lugar (carona), todos ficavam aliviados pela missão ser tão fácil.

Os gurus e missionários formam um capítulo à parte no universo do assédio por sedução, por ser exatamente esse o seu papel. Em geral a sua competência em seduzir seu público é tão grande que, mesmo quando pegos em flagrante delito, com a boca na botija (ainda se usa essa expressão?), ou seja, mentindo, roubando, prevaricando etc., mesmo assim muitos deles conseguem inverter o dedo que os acusa e dar um nó na cabeça do seu rebanho.

Um caso que se tornou célebre foi o do pastor eletrônico norte-americano Billy Graham. Ele era um fenômeno de mídia. Suas pregações via TV alcançavam milhões de pessoas em todo o mundo. O dinheiro jorrava na sua horta de forma torrencial. Tive a oportunidade de assistir a alguns desses sermões. Com a Bíblia sempre aberta numa das mãos, a gravata com o nó planejadamente frouxo e caminhando freneticamente sobre o amplo palco, ele era um vulcão de emoção e citações de passagens da Bíblia. Sua pregação baseava-se em valores morais, no fortalecimento da família, no alerta contra a sociedade licenciosa etc., etc.

Um dia, ele foi flagrado numa festinha particular com algumas prostitutas. Secretamente vibrei com aquela máscara que caía. E pensei com os meus ingênuos botões: "Agora a casa desse farsante caiu, ele nunca mais se levantará e as pessoas despertarão do transe desses falsos profetas." Ledo engano. Pouco tempo depois assisti a uma cena chocante. Diante de um auditório lotado (creio que eram mais de duas mil pessoas), com sua mulher e filhos na primeira fila, todos impecavelmente arrumadinhos, ele se preparava para o maior *sedushow* da sua vida: o arrependimento e o pedido público de perdão. Enxugando as lágrimas que teimavam em cair, com a voz embargada (sempre que isso acontecia alguém puxava os aplausos para dar-lhe forças para continuar), dirigindo-se à família como se não houvesse mais ninguém ali, ele arrasou. Obviamente citou a Bíblia, a parábola do pecador, a tentação de Satanás, a qual ninguém, nem mesmo ele, está imune, e por aí foi. Eu assistia a tudo de queixo caído, num misto de admiração e nojo. "Esse é dos bons", pensei, "se estivesse no Rio de Janeiro, a malandragem iria dizer que ele dá nó em pingo d'água."

É claro que nem todo pregador/guru é mal-intencionado, mas todos, sem exceção, se quiserem prosperar na sua 'missão', devem ser pós-graduados na arte da sedução pela palavra. Um dos grandes nesse ramo foi o Padre Antônio Vieira, considerado por todos os críticos o maior orador religioso do século XVII, português de nascimento, mas de alma brasileira ou, melhor, baiana. Esse jesuíta incomum, dotado de uma poderosa oratória, fez a cabeça dos seus contemporâneos. Misto de evangelizador e moralizador, nenhuma área do comportamento humano estava a salvo de suas investidas. Vou reproduzir aqui um trecho de um de seus sermões, no qual, com o seu estilo barroco, ele dá um nó na cabeça dos ouvintes, para pregar e dar coerência a ensinamentos nem sempre coerentes. Curiosamente neste sermão, ele fala dos pregadores, criticando-os, mas dizendo sutilmente: "Me incluam fora dessa". Meu comentário segue entre parênteses.

... Sabeis, cristão, a causa por que se faz hoje tão pouco fruto com tantas pregações? É porque as palavras dos pregadores são palavras, mas não são palavras de Deus. Falo do que ordinariamente se ouve. A palavra de Deus, como dizia, é tão poderosa e tão eficaz que não só na boa terra faz fruto, mas até nas pedras e nos espinhos nasce. Mas se as palavras dos pregadores não são palavras de Deus, que muito não tenham eficácia, e os efeitos das palavras de Deus?... Diz o Espírito Santo: "Quem semeia ventos colhe tempestades." Se os pregadores semeiam vento, se o que se prega é vaidade, se não se prega a palavra de Deus, como não há de a igreja de Deus colher tormenta em vez de colher fruto?

Mas dir-me-eis: Padre, os pregadores de hoje não pregam o Evangelho, não pregam das Sagradas Escrituras? Pois como não pregam a palavra de Deus? Esse é o mal. Pregam as palavras de Deus, mas não pregam a palavra de Deus (aí vai o primeiro grande nó na cabeça do ouvinte). *Qui habet sermonem meum, loquatur* sermonem meum vere ("... *mas aquele em quem está a minha palavra fale a minha palavra com verdade" — Jeremias XXIII, 28), disse Deus por Jeremias. As palavras de Deus pregadas no sentido em que Deus as disse são palavras de Deus, mas pregadas no sentido em que nós queremos não são palavras de Deus, antes podem ser palavras do demônio. Tentou o demônio a Cristo a que fizesse das pedras pão. Respondeu-lhe o Senhor: "Nem só de pão vive o homem, mas sim de toda a palavra que sai da boca de Deus." Essa sentença era tirada do Cap. VIII do Deuteronômio. Vendo o demônio que o Senhor se defendia da tentação citando a Escritura, leva-o ao Templo e, alegando o lugar do Salmo XC, diz-lhe desta maneira: "Deita-te daí* (se atire daí), *porque prometido está nas Sagradas Escrituras que os anjos te tomarão nos braços, para que não te faças mal." De sorte que o Cristo se defendeu do diabo com as Escrituras, e o diabo tentou a Cristo com as Escrituras. Todas as Escrituras são palavras de Deus; pois de Cristo toma as Escrituras para se defender do diabo, como toma o diabo a Escritura para tentar Cristo? — A razão é que Cristo tomava as palavras da Escritura em seu sentido verdadeiro, e o diabo tomava as palavras da Escritura em sentido alheio e torcido; e as mesmas palavras que tomadas em seu sentido verdadeiro são palavras de Deus, tomadas em sentido alheio são armas do diabo. As mesmas palavras que, tomadas no sentido em que Deus as disse, são defesa, tomadas no sentido em que Deus as não disse, são tentação. Eis aqui a tentação com que então quis o diabo derrubar Cristo, e com que hoje lhe faz a mesma guerra no pináculo do templo.*

Assim, vimos que não há vitória possível ao contraditório de Vieira, pois não se luta contra uma 'verdade' que se adapta ao sabor dos interesses do pregador. Quando ele mesmo antecipa a crítica de 'incoerência', responde com a 'interpretação certa' e a 'interpretação errada'. Quando a afirmação que não interessa é apresentada no seu sentido literal, ele avisa: "Ah, mas não é esse o sentido certo, essa é uma metáfora, não foi isto que o autor quis dizer." Mas quando se faz uma *interpretação* do texto, o pregador nos tira o direito de interpretar qualquer coisa que seja, reclamando que estamos distorcendo o sentido original das palavras, ou seja, é um jogo de cartas marcadas onde não há como vencer.

Certa vez um leitor me acusou de usar frases da Bíblia, o que distorceria o seu sentido por terem sido retiradas de seu contexto. Então perguntei: "Não é isso que os religiosos vêm fazendo há mais de dois mil anos?"

A sedução com finalidades religiosas em pouco difere da sedução amorosa. Em ambos os casos há dois lados bem distintos: um sedutor com um objetivo claro e as ferramentas para realizar seu intento (conhecimento do seu *metier* e da psicologia das carências alheias), e os seduzentes (palavra que acabo de criar), prontos para serem seduzidos, com a alavanca da razão desligada e suscetíveis ao estímulo hipnótico do sedutor. Tanto isso é certo que muitas pessoas apaixonadas (seduzidas até a tampa) relatam uma sensação muito próxima do sentimento de arrebatamento religioso. Já os arrebatados sentem (secreta ou ostensivamente) uma atração quase carnal pelo seu sedutor (em geral, um pregador). A própria Igreja Católica chama as religiosas de 'noivas de Cristo'.

Um caso que já citei em livros anteriores foi o de um guru famoso internacionalmente por seus poderes mentais e esotéricos. Uma cliente me contou o seu encontro com ele. Ela havia terminado um relacionamento de anos com sua companheira (sim, ela era homossexual). Apesar de culta, bem-nascida e profissional liberal conceituada, essa separação a estava deixando arrasada. Todas as suas tentativas de reatar a relação haviam sido frustradas, até que alguém lhe indicou o tal guru. Ela foi até ele cheia de esperanças, pagou caríssimo (para os padrões brasileiros) uma consulta e, depois de contar a sua história, ouviu o diagnóstico e o prognóstico alentador: o caso dela era fácil de resolver, mas ela precisaria demonstrar que desejava aquilo acima de qualquer coisa. "Claro que quero, estou disposta a tudo para tê-la de volta."

"Ótimo, então a fórmula é simples, mas vamos apenas precisar de um pouco de esperma humano."

"Como assim, esperma humano?", perguntou ainda com um resto de sorriso nos lábios.

"Você tem de arranjar esperma, para que possamos fazer uma poção. Mas não se preocupe [ela já demonstrava sinais de aflição diante de uma missão, digamos, tão esdrúxula]. Vou ajudar você. Vou ceder um pouco do meu esperma."

"Ah, que bom, agradeço. Já estava preocupada onde eu iria encontrar o tal esperma. Então estamos combinados? Posso ir tranqüila de que o senhor vai fazer o trabalho?"

"Sim, mas antes você precisa extrair o esperma. Isso só você pode fazer."

"Como assim, extrair?"

"Vou explicar, minha filha. Eu cedo gratuitamente o meu esperma. Mas quem deve extraí-lo de mim é você."

Já entrando em pânico, ela gaguejou a última pergunta: "Como o senhor espera que eu faça isso?"

"Com a boca, é claro."

Ela, que nunca havia tido uma relação sexual com homem, sentiu-se encurralada entre o seu repúdio àquela situação e a esperança desesperada de que aquele sacrifício lhe trouxesse a amada de volta. Acabou cedendo e, como devem imaginar, nada aconteceu, ou seja, não houve um reatamento da relação. Ao me contar a história ela exalava o constrangimento dos iludidos, que sabem que foram no mínimo ingênuos, para não usar uma palavra mais forte. Ela não se deu conta do seu papel de vítima de um crime, ou melhor, quase um crime.

Hoje já está tipificada a figura do assédio sexual no trabalho, quando um superior hierárquico usa das suas prerrogativas de chefe para constranger e obter favores sexuais das funcionárias. É justamente essa ascendência que tipifica o ato doloso. Ora, o 'guru', por sua posição e pela situação em que geralmente se encontra em relação ao cliente, tem essa ascendência natural. Como agravante ele usa os aspectos 'espirituais' e/ou religiosos que lhe conferem a aura de superioridade (e muitas vezes o tornam irresistível, até porque a cultura da religião ou seita manda não resistir ao superior) para exercer a coação ou coerção irresistível sobre o acólito. Essa submissão faz parte de muitas culturas religiosas, que vêem isso como um exercício de humildade, de quebra do 'falso ego' e conseqüente aproximação com a divindade via sacerdote.

Uma cliente, que foi iniciada no candomblé, sofreu estupro repetidas vezes pelo filho-de-santo encarregado de lhe dar assistência durante o período de reclusão. Sem nenhum contato com o resto do mundo, isolada dos parentes e amigos por trinta dias, dormindo sobre uma esteira de palha e sendo alimentada pelas mãos desse filho-de-santo, ela ficou muito frágil. Aproveitando-se disso, esse rapaz, seu único elo com o mundo exterior, a violentou várias vezes.

Ela ainda tentou denunciar o fato ao pai-de-santo, que viajou constantemente durante esse período, mas, depois de interrogar superficialmente o tal 'filho-de-santo', o 'pai' a tranqüilizou dizendo que tais *alucinações* são um fato normal, que ela logo sairia do recolhimento e se esqueceria de tudo. Mas ela não esqueceu; ao contrário, saiu de lá profundamente desequilibrada e nunca mais se recuperou totalmente.

Um outro caso que me marcou de forma impactante foi o do *emissário dos extraterrestres*. Conheci uma moça muito jovem e mãe de um menino de nome estranho. A princípio ela dizia que o pai da criança havia morrido antes dela nascer. Quando se sentiu segura comigo, ela me revelou a 'verdade' sobre a paternidade de seu filho. Ela que sempre fora muito mística havia encontrado uma amiga que acabou convidando-a a fazer parte de um grupo de estudos esotéricos. Na verdade era um grupo de contato com seres extraterrestres, do qual só podiam participar mulheres (por orientação dos próprios ETs). O grupo, é claro, era dirigido por um homem, o veículo através do qual os ETs se comunicavam. Mas, afinal de contas, o que eles queriam?

Eles tinham como missão contribuir para a paz na Terra. Sempre que havia conflitos em alguma parte do mundo, eles eram convocados (na verdade, elas) para emitir uma energia de 'amor incondicional'. Acho que alguns de vocês já desconfiaram da forma como esse 'amor incondicional' era gerado, não é? Pois é isso mesmo. Através de sessões de sexo com o 'intermediário dos ETs'. O filho da minha jovem e ingênua amiga nasceu de uma dessas missões planetárias altruísticas. Imediatamente ela foi avisada (pelo intermediário) de que os ETs estavam mandando aquela criança com a sua (deles) energia para ajudar a salvar o planeta. Aí vocês perguntam: mas ela acreditou nessa história? Acreditou, e acho que até hoje ainda acredita, tamanha a força da rede de convencimento a que foi submetida. Por mais que eu argumentasse, ela sempre sorria e dizia: "*Eles* nos avisaram que pessoas como você, céticas e materialistas, iriam aparecer e tentar desacreditar a missão. Pessoas que só acreditam vendo, como São Tomé." Naturalmente o mentor do grupo preparou as missionárias muito bem para fazer frente aos *wistle blowers* (os tocadores de apito) que costumam aparecer para tentar despertar as vítimas da prisão-miragem. Isso acontece todos os dias, em todos os cantos do globo, sob os mais diferentes disfarces, a que chamam de 'missões espirituais'. Sempre entre aspas!

A sedução de um grupo específico, quando atinge o nível de erradicar a consciência crítica por inteiro, é chamada pelos antagonistas dessa corrente de lavagem cerebral, e pelos adeptos dela de doutrinação. Por isso fujo dessas Missões e de seus missionários, e sempre que posso os enfrento, questiono seus métodos e obviamente me preparo para o revide, quase sempre ameaçador e violento.

Cinco

O Transe

O assédio por sedução, qualquer que seja o objetivo, obedece a certos ritos padronizados com alguma base comum. A primeira 'base', como foi dito, é um desejo narcisístico de encantar, de ser a fonte do canto da sereia que irá atrair o outro para si, para o seu deleite, para a satisfação do seu ego. Nesse caso, a atuação da mãe nos primeiros anos de vida do bebê é fundamental. Os cuidados infindáveis, os paparicos em excesso, a superproteção constituem a motivação narcisística. Esses sedutores-narcisistas, na verdade, são poços de carência e, infantilizados, vivem numa eterna busca de recuperar os bons tempos quando eram o centro das atenções.

A segunda 'base' é algum nível de dessensibilização. Essa característica, encontrada nos psicopatas ou sociopatas, demonstra que o indivíduo é incapaz de manifestar sinais de sensibilidade pelos sentimentos e sofrimento da sua vítima. Ele não se comove, a dor alheia não penetra a sua couraça, e ele pode até chorar diante de um desenho animado, mas os gritos da sua vítima não lhe dirão nada. Esses assediadores não conseguem ver seu alvo como um igual, assim como os escravagistas não conseguiam encontrar nos escravos sinais de uma humanidade que de longe lhes lembrasse a deles.

A terceira 'base', comum a quase todos os assediadores, é a síndrome do buraco negro. Essa síndrome se caracteriza pelos indivíduos que sofrem de um imenso vazio existencial, que, somado a outros fatores de instabilidade, pode levar a uma espécie de 'fome', de compulsão devoradora, na vã tentativa de incorporar à sua pança emocional outros *eus* emocionais devidamente neutralizados, é claro. Esses *buracosos* sem luz própria, nostálgicos de algo que nunca experimentaram, vivem em função de 'agregar valor' ao seu Eu (que sentem) sem valor algum. No caso dos sedutores profissionais, os valores agregados devem ser prioritariamente em dólares, euros ou imóveis com boa liquidez. Por mais que tenham tido afeto, amor, atenção (em geral não tiveram mesmo), eles não conseguem se sentir amados, estão sempre carentes, sempre com cara de cachorro que caiu do caminhão da mudança, sempre rancorosos por terem sido excluídos do rol dos amados. Nem importa muito a *real realidade* desses Buracos Negros; importa, sim, a sua percepção e a sua reação a essa realidade percebida.

A última 'base' comum a todos os assediadores é a relação com o Poder. Assediar é buscar o poder sobre o outro; talvez, quem sabe, na vã tentativa de mascarar a própria impotência diante do mundo, que para alguns é insuportável. Por todos os ângulos que se observe, qualquer que seja o estilo ou a marca do sedutor, ele é um prestidigitador, um criador de ilusões às vezes tão reais que são capazes de enganar até os grandes especialistas.

Um amigo me contou que levou a esposa, com freqüentes surtos psicóticos, a um psiquiatra. Lá, diante do homem, ela se comportou com uma *lady*, falando serenamente, com gestos comedidos, e tanto teatro fez, negando de forma singela os fatos narrados pelo meu amigo, que ele se exasperou e perdeu o controle, ato final de um processo que o estava exaurindo. Diante do descontrole do marido, a gentil esposa disse: "Está vendo, doutor, ele anda muito nervoso. Assim acaba passando esse descontrole para mim. É inevitável, não é, quando se convive a dois?" Apenas para encurtar a história, o experiente psiquiatra pediu que o meu amigo permanecesse no hospital para fazer alguns exames e conversar um pouco mais... quem sabe até fazer uma terapia...

Um caso parecido me foi narrado por uma leitora de um dos meus livros (*Dormindo com o Inimigo*). Ela me confidenciou que estava tentando uma terapia de casal, imposição dela como último recurso para salvar o casamento. Diante da terapeuta, seu marido sorria, era cordial, educadíssimo, e sempre aceitava as sugestões da profissional. Segundo ela relatou, ao chegar em casa ele a agredia verbalmente, zombava dela e chegava a cuspir em seu rosto. No auge do desespero, ela telefonava para a terapeuta e o colocava na linha. Com cinco minutos de conversa serena ele ora confessava ter ultrapassado os limites e se mostrava arrependido, ora negava tudo e sugeria que a mulher pudesse estar sofrendo de delírios paranóides ou coisa que o valha. Sua técnica era não afirmar nada e fazer muitas perguntas, demonstrando um legítimo interesse no trabalho da terapeuta e sempre se colocando inteiramente à disposição para ajudar sua mulher e salvar sua relação. Acuada, ela tentou mudar de terapeuta, sentindo inclusive que ele a estava seduzindo literalmente, mas sua tentativa de mudar foi analisada como uma fuga e a confirmação de que ela era o elo fraco da corrente e quem mais precisava de tratamento e atenção.

Os ilusionistas são sempre sedutores, mormente quando não sabemos que estamos sendo iludidos. Adolf Hitler seduziu um povo culto, embora desesperado, usando técnicas que ele mesmo admitiu ter copiado (e aprimorado) da Igreja Católica. Seus famosos discursos de mobilização popular eram feitos preferencialmente à noite, à luz dos muitos archotes. Ele dizia que à noite as emoções estavam mais acentuadas que a razão, o fogo incitava à paixão cujos discursos incendiários insuflavam. Ele sempre se colocava em palanques muito acima da multidão para alcançar uma estatura irreal, como se estivesse pairando acima da massa comum dos mortais, como uma divindade ascendendo. Os estandartes tremulando iluminados pelos clarões dos archotes, os tambores rufando e trompas anunciando o advento do 'messias nazista' completavam o cenário estupefaciente. Era o grande mágico, sedutor das multidões, que arrastou um país inteiro numa aventura catastrófica para toda a humanidade. E tem gente que ainda duvida dos poderes de sedução sobre um único indivíduo, quando o sedutor faz bem-feito o seu papel. Quantos micro-Hitlers foram capazes de levar os seus seduzidos ao paroxismo da insensatez e até a morte voluntária?

Um pajé dos shoshones (índios norte-americanos) convenceu os guerreiros da tribo de que, se usassem uma tinta mágica preparada por ele, as balas dos homens brancos não os acertariam. Morreram às centenas, como moscas, e mesmo vendo seus irmãos caírem à sua volta eles se lançavam contra o exército empunhando suas machadinhas e lanças. Lembram-se de Jim Jones, nas Guianas, que levou seus seguidores ao suicídio coletivo? E o pessoal do Texas que preferiu morrer dentro da casa incendiada com seus filhos? E você ainda não acredita no poder do sedutor sobre uma vítima que está pedindo para ser vitimizada?

Esses 'gurus', ilusionistas e sedutores surgem em todos os cantos do mundo, de aldeias remotas a grandes cidades cosmopolitas. Mas em sociedades mais hierarquizadas, onde as pessoas são mais 'educadas' e ensinadas desde cedo a obedecer e a seguir regras, as chances de serem conduzidas em massa pelo carisma desses ilusionistas é maior. Meu pai contava uma historinha boba, que acabei gravando na memória, cuja 'moral' era de 'provar' a 'esculhambação' das instituições brasileiras e o pouco caso com a hierarquia. Na verdade, hoje vejo nessa anedota um exemplo de como a rigidez da educação e dos condicionamentos sociais pode levar às catástrofes sociais. Contava ele que no tempo da Segunda Guerra Mundial, antes do Brasil entrar no confronto, Getúlio Vargas, que era germanófilo, mandou um de seus generais à Alemanha observar como o governo nazista estava organizando a maior máquina de guerra do planeta. Ao chegar a Berlim, esse general foi recepcionado por um colega alemão da mesma patente e passou as tropas em revista, obedecendo ao protocolo. Para demonstrar seu poder sobre a tropa, o general alemão chamou um soldado:

"Franz, venha aqui rápido!"
"Sim, meu general."
"Saque a sua Lugger [pistola alemã ícone do nazismo]!"
"Sim, meu general."
"Aponte para a sua cabeça."

"Sim, meu general."
"Dispare!"
O tiro foi disparado e o soldado tombou no solo do aeroporto, sendo imediatamente retirado pelos outros. Impressionadíssimo, o general brasileiro, ao voltar, foi logo fazendo o teste ali mesmo no aeroporto. Chamou um dos soldados que ele conhecia pelo nome:
"Cabo Sebastião!"
"Sim, meu general!"
"Saque a sua 45."
"Sim, meu general."
"Aponte para sua cabeça."
"Sim, meu general."
"Puxe o gatilho."
"Que é isso, general? Bebendo logo cedo?"

Piadinhas à parte, sabemos que pessoas treinadas para serem rigidamente obedientes aos pais, e sabotadas desde a sua infância na sua capacidade de pensar e de ter (e expressar) suas próprias idéias, se tornarão adultos com grande chance de serem *guruzáveis*.

Seis

Os Tipos

O Narciso, o Invejoso, o Vingador, o Corrosivo, o Profissional, o Carente, o Comediante, o Mentiroso Patológico

Embora tenham muito em comum, os assediadores/sedutores assumem diferentes máscaras diante de suas vítimas ou platéia. Chamo de máscaras porque qualquer que seja a forma como se apresentem seus scripts, esta apenas será mais um artifício para iludir e desorientar as pessoas que cruzam o seu caminho. Mas não podemos dizer que essa falsificação do Ser aconteceu de forma planejada, deliberada ou consciente. Não, o mais provável é que seja apenas a conseqüência da ausência de 'Alma', um oco, alguém que esqueceu de construir um *self*; na linguagem junguiana, uma pessoalidade.

Para facilitar o reconhecimento do assediador/sedutor, vamos elencar aqui alguns dos tipos mais comuns no mercado.

O Narciso 'Zé Bonitinho'

Esse tipo de caráter narcisístico flagrante busca na aparência exterior o seu canto da sereia. Procura a elegância (de acordo com os padrões da moda em sua sociedade) no vestir, a demonstração de símbolos de status, mesmo que sejam falsificações, e o charme irresistível das pessoas que estão dentro, *in*, na moda.

O Zé Bonitinho está sempre perfumado, disfarça sua falta de cultura e de interesse pela realidade em que vive, apoderando-se de retalhos de informações, obtidos pela leitura das orelhas dos livros da moda (ou de resenhas divulgadas em revistas), de manchetes de jornais, de fragmentos de comentários de jornalistas ou de conhecidos bem-informados etc.

É um pescador de informações superficiais, do tipo que lê "Como parecer um *expert* em vinhos em 10 lições", ou "Como arrasar em festinhas fingindo que conhece Arte", e coisas do gênero.

Pode-se dizer em seu favor que ele é antenado no mercado de novidades, da moda e, principalmente, dos modismos. Tudo isso para criar a aura de alguém *in*, atualizado e moderno.

Ele sabe quais são os lugares da moda e usa a pseudo-intimidade com esses lugares e seus representantes para seduzir as vítimas mais ingênuas e deslumbradas.

É claro que seu alvo preferido são as gatas borralheiras, uma vez que as mulheres realmente íntimas desses palcos mais sofisticados não costumam se deixar enganar pelo Zé Bonitinho.

Existem Zé Bonitinhos de todos os níveis, dos moradores da periferia até os realmente ricos e famosos.

Um amigo me contou que um primo dele muito rico se divorciou da esposa depois de vinte e cinco anos de casado. Vendeu a empresa e, com muito dinheiro no bolso, liberdade geral e irrestrita, resolveu correr em busca do tempo perdido. Meu amigo, um grande e maduro sedutor, se divertia quando o primo ligava altas horas perguntando sobre a *marca* de vinho mais apropriada para esse ou aquele tipo de mulher.

Uma vez o aspirante a Don Juan telefonou perguntando se as mulheres caíam mais por um Mercedes ou por um BMW. Até o relógio era estudado: ele tinha um Rolex de ouro para as mulheres mais maduras e ricas, um Tag Heuer para as mais jovens e esportistas, e um Vacheron para as sofisticadas.

Os Zé Bonitinhos investem grande parte de seu tempo nessa 'pesquisa' e montagem do figurino, que será transformado em armadilha ou arma na caçada. Tudo isso é necessário, pois a sedução propriamente dita, a sedução pelas palavras, não é o seu forte. Assim, ele 'fala' através dos sinais de status, das suas relações importantes e contatos, das informações privilegiadas que possui, que acabam encantando as incautas e, por que não dizer, os incautos que se aproximam buscando uma amizade com alguém *chave*, ou seja, que abre as portas do mundo.

O que muitas vezes acontece é que esse indivíduo acaba sendo chave de cadeia, pois falsifica tanto, vive tão intensamente o falsificado que, no fim, pode até acabar no crime verdadeiro. Mas em geral o maior delito do Zé é levar o outro ou a outra ao erro, fazendo-o comprar gato por lebre, na chamada falsidade ideológica.

O Invejoso

Esse tipo trafega por um território sem fronteiras definidas entre o ressentimento, a inveja difusa e o complexo de inferioridade (enrustido).

No livro *Dormindo com o Inimigo*, contei o caso de um fulano, pobre, que não tinha um gato para puxar pelo rabo, mas caiu nas graças de uma moça rica que por ele se apaixonou. Indo contra tudo e todos, ela se casou com ele e, por fim, o colocou à frente dos negócios da família.

Um dia, aproveitando-se de uma doença dela, ele deu o bote em falso e foi flagrado roubando as empresas e já tendo outra mulher engatilhada. Na hora H, no momento do doloroso acerto de contas, talvez se sentindo fortalecido, ele 'vomitou' na cara da esposa toda a sua mágoa por ter sido discriminado pela família dela, por ter sido alvo dos olhares maldosos da sociedade, apenas devido à sua situação socioeconômica, blá-blá-blá. Na verdade, ele sempre foi um recalcado, um invejoso pura e simplesmente, por mais que os amantes das complexas explicações psicológicas possam querer complicar. Há certos tipos de homem que não perdoam a mulher por esta ter-se dado melhor na vida profissional ou ter tido um berço mais rico e nutrem por ela um coquetel de emoções com, no mínimo, três ingredientes: admiração, inveja e rancor.* Outros invejam a beleza da

---

* Parece paradoxal e inverídico, mas a Suécia é o segundo colocado europeu no ranking dos maus-tratos às mulheres por parte de seus maridos ou parceiros. E também é lá que a mulher alcançou os mais altos cargos na administração pública e privada. Parece que eles não as perdoam por essa afronta. Antes que me esqueça, o primeiro lugar neste triste placar cabe a Portugal.

mulher ou a sua sensualidade que fica maior a cada dia, enquanto eles vão se transformando lentamente em ogros. Outros ainda as invejam simplesmente por serem do sexo feminino, e eles não. São os homossexuais enrustidos. Mas não precisamos ficar buscando razões para explicar a construção do Invejoso; eles não precisam. O Invejoso é um disfuncional emocional, é alguém que não se sente confortável dentro da sua própria pele. Assim, qualquer que seja a parceira (e obviamente isso ocorre também com as mulheres), o Invejoso vai se sentir de uma forma ou de outra sendo atropelado por quem divide a cama com ele. Esse tipo faz da sedução um meio que lhe garanta poder mais tarde punir as suas vítimas. Essa realidade muitas vezes ambígua faz com que seja atraído pelas mesmas qualidades que lhe causam inveja. Assim, aquilo que atrai a sua atenção e cobiça é justamente o motivador de sua inveja.

O Vingador

Esse tipo raramente se apresenta com tal rótulo na testa; muito pelo contrário. Mas todo o seu empenho em seduzir, na verdade, esconde um desejo de vingança. Em geral de uma figura feminina, a mãe ou mulher que deixou marcas em seu coração. Se essa vingança tem uma base real ou não, não importa, pois sendo real basta *para ele*. Sua marca registrada é a sedução com a finalidade de obter a submissão da vítima e, em seqüência, a sua mortificação. O Vingador é antes de tudo um rancoroso cujo discurso elementar é o de vítima do mundo cruel, da ingratidão da família e dos amigos e da traição da pessoa a quem amava. Parece pouco provável que alguém seja seduzido por um tal script, mas muitas mulheres caem nessa. São as consoladoras ou salvadoras da pátria. Elas se vêem quase como missionárias em busca de salvar do purgatório essas almas sofredoras que, em seus braços e bem aninhadas no seu amplo coração, estarão a salvo do mundo malvado. Elas, é claro, esperam receber a recompensa pelos serviços de resgate prestados em forma de eterna gratidão, fidelidade e todo o resto que sabemos bem. É triste ver a cara dessas mulheres quando o Vingador começa a sua mórbida vingança.

Um caso dramático me foi relatado por uma cliente. Ela fazia trabalho voluntário num abrigo para menores abandonados quando um dos meninos, na ocasião com cinco ou seis anos, chamou-lhe a atenção. Ele era bravo, procurava manter-se isolado das outras crianças e reagia com rispidez às tentativas de aproximação. Para ela pareceu-lhe um desafio que valia a pena. Com o tempo, conseguiu se aproximar do menino e, vitoriosa, percebeu que ele começava a se abrir para o mundo por intermédio dela. Ficou tão cativada por ele que, mesmo sendo solteira, resolveu adotá-lo. Passada a 'lua-de-mel', o menino, apesar de ter então um lar e tudo que jamais imaginara que poderia ter, retomou a sua agressividade e o comportamento anti-social. Com o passar dos anos, já adolescente, forte e musculoso, seus problemas de relacionamento aumentaram exponencialmente, apesar das psicólogas, dos tênis de marca, das inúmeras tentativas de aproximação e de carinho por parte da mãe adotiva. Ele tinha tudo que ela podia lhe proporcionar como filho único, mas achava pouco e queria mais. Exigia mais dinheiro, mais 'liberdade' (na verdade, detestava dar satisfações à mãe) e não admitia críticas às suas más companhias. A minha cliente, agora já na casa dos cinqüenta anos e sozinha, estava cada vez mais deprimida e sofria sem saber a quem recorrer. Naturalmente ele não se mostrava rude o tempo todo; quando percebia que estava levando a situação para um ponto insustentável, ele recuava, encolhia-se num canto (como fazia na época do orfanato) e chorava como um bebê. Isso era infalível. Ela desmontava e cedia a qualquer coisa que ele exigisse. Já com dezessete anos, a situação ficou incontrolável. Mais forte, com o corpo de um adulto bem-nutrido, ele passou a usar de violência contra ela. Um dia, depois de uma discussão (ele queria um carro), começou a quebrar o que via pela frente na casa. Quando ela foi tentar detê-lo, ele a atirou no chão com violência, quebrando-lhe uma clavícula. Chorando de dor, ela dizia que não agüentava mais aquela situação, ao que ele respondeu aos gritos: "Vai agüentar sim. Não quis me tirar do orfanato? Não quis brincar de mãezinha? Agora vai ter de me agüentar... até o fim." Esse era um típico Vingador; em minha opinião, não se tornou assim por ter sido colocado num orfanato; ao contrário, ele foi colocado num orfanato porque era um Vingador, e sua mãe, alegando o que quer que fosse, intuiu isso e fugiu dele.

Os vingadores sempre têm histórias para contar que 'justificam' sua atitude perversa de ódio ao mundo, porém, mesmo quando essas histórias são verdadeiras e expliquem muita coisa, elas não podem servir para justificar o script.

Dentro desse rótulo podemos encontrar outros subtipos mais específicos, sendo essa especificidade caracterizada pelo *modus operandi* do sujeito.

Um dos mais comuns é o que chamo de 'personalidade cáustica'. Esse tipo usa a arma da ironia e do sarcasmo para corroer o parceiro. Ele é mais comum entre os homens.

O Corrosivo

O Corrosivo mascara a sua violência sob a capa do 'humor', tornando difícil uma reação mais enfática. Ele é mestre em focar suas armas num estigma claro ou enrustido da vítima. Por exemplo, se o estigma é a obesidade, sempre que achar conveniente (a presença de outras pessoas é um ingrediente que reforça e torna mais contundentes os seus ataques), ele irá meter o dedo nessa 'ferida' de forma *divertida*, galhofeira. Poderá dizer assim: "Ainda bem que você não teve muitos irmãos. Já pensou se a família fosse numerosa? Ia ter falta de tecido na praça, não iria sobrar lona de circo..." Se isso é dito em público e esse gracejo provoca os risos cúmplices da platéia, o estrago está feito. Se houver por parte da vítima alguma reação, ele já terá preparada de forma magistral a sua defesa: "Não sei por que você reage assim, foi só uma brincadeirinha." Ou então: "Se você fica magoada com uma brincadeira assim, devia então tomar alguma providência quanto ao seu peso." Ou ainda: "Eu não sou o culpado pela sua obesidade, não venha agora jogar em cima de mim essa responsabilidade. Pense nisso na hora de devorar os doces e atacar a geladeira."

Como ele sempre usa o tom da irreverência, isso lhe permite recuar caso a coisa fique séria e a reação seja pesada. Nesse caso, o recurso mais comum é a expressão de bebê chorão e de uma falsa reaproximação meiga e carinhosa, seguida de um pedido de desculpas sem convicção, mas suficiente para a seduzida-carente ou para fazer o jogo da platéia.

Mulheres também encarnam esse personagem, mais raramente, é verdade, mas a cada dia está se tornando mais freqüente. Sinal dos tempos, diria meu tio Amâncio.

Quando elas assumem esse papel, na verdade estão apenas encenando um traço de sua personalidade, que intitulei de 'perversa'.

Já vi mulheres, em geral depois de ultrapassarem a barreira etílica (esse é um ótimo biombo para a personalidade perversa-covarde), insinuarem a baixa performance sexual de seus parceiros em público. Claro que elas estão se vingando ou extravasando as suas frustrações sexuais, entre outras, num momento em que o ataque será muito mais virulento e ainda por cima com a proteção da presença do público.

É muito comum a mulher Perversa colocar o dedo na ferida da suposta incompetência profissional do parceiro, em geral comparando-o com alguém mais bem-sucedido ou até com algum personagem de telenovela.

Ironizar a dificuldade do parceiro em detectar os falsos amigos, os aproveitadores, aqueles que irão dar-lhe um prejuízo mais tarde, também é uma prática muito usada. Isso infantiliza o outro diante dos conhecidos, ao mesmo tempo que levanta a bola dela (pelo menos ela pensa que sim). O que se espera colher são os comentários privados pós-evento, coisas do tipo: "O Fulano é muito ingênuo", "Ele tem sorte de ter uma mulher como a Sicrana", "Se não fosse ela, o cara já estaria no buraco".

O uso do recurso corrosivo, do dedo na ferida, do foco no estigma do parceiro ou da parceira, é uma prática extremamente maligna, pois nunca fecha a porta do relacionamento; ao contrário, sempre a deixa entreaberta para uma 'reparação'.

"Eu estava apenas brincando", "Não leve a vida tão a sério, vai aumentar suas rugas", "Você sabe que isso é bobeira minha, eu te amo", "Até gosto dessas gordurinhas..." são as frases típicas de retomada do vínculo.

Já quando o algoz é a mulher, já ouvi frases do tipo: "A culpa é sua, por que me deixou passar da conta na bebida?", "Você sabe que quando eu bebo fico insuportável".

Grosso modo, podemos até dizer que a relação com o 'vingador cáustico' é uma gangorra eterna, está enquadrada naquela gaveta das relações entre sádicos e masoquistas, da qual falei extensivamente no *Dormindo com o Inimigo*.

Ao contrário do assédio persecutório, o Assediador/Sedutor, apesar de tudo, não 'larga o osso', não quer repelir ou se livrar do outro, e sim continuar mantendo uma relação doentia que, no fundo, serve como uma luva para compensar a sua fraqueza, o seu fracasso emocional e moral. Muitos Vingadores não perdoam suas vítimas por terem 'salvo as suas vidas'.

Uma prostituta seduziu irremediavelmente um cliente. Ele não resistiu, deu fim a um casamento e assumiu uma vida a dois com ela. O interessante é que ela sempre dizia para as colegas de profissão que um dia isso aconteceria e que seria eternamente grata a esse homem, tornando-se 'escrava' dele. Mas não foi o que aconteceu. Em pouco tempo ela tramou a morte dele, em cumplicidade com um amante dos tempos de prostituição.

Mataram o rapaz para roubar-lhe o que certamente ele daria a ela de bom grado, como fazem todos os apaixonados. Mas, se é assim, por que ela cometeu esse crime bárbaro? Porque talvez nunca o tenha perdoado por tê-la resgatado da vida de onde veio. É loucura? É absolutamente irracional? Sim. E daí?

Os Tipos

O Profissional

Esse personagem, apesar de quantitativamente mais raro, é o mais letal.

Os profissionais, em sua maioria, são pessoas que fracassaram em todas as tentativas de ser bem-sucedidos na vida profissional, ao mesmo tempo que descobrem que são um sucesso com as mulheres ou com os homens. Acredito que eles comecem por acaso, quando percebem como é fácil, quase natural, levarem vantagens financeiras (ou outra qualquer) com as pessoas que caem na sua rede sentimental. Daí para passarem a fazer disso uma 'carreira' é um passo.

Mulheres profissionais não são obrigatoriamente prostitutas, mas desenvolvem ao máximo os mecanismos de detecção dos alvos preferenciais. Exibem uma sensibilidade aguda às nuanças psicológicas de suas vítimas, costumam sacar o potencial dos parceiros para a 'doação' e aprendem rápido quais são as teclas sensíveis que precisam acionar para manter um fluxo de recursos fluindo.

Todo o arsenal de sedução é usado conforme as necessidades do freguês. Se ele for do tipo moralista-conservador, ela poderá fazer a 'ingênua', pudica, que precisa de um tutor que a oriente. Se ele for do tipo garanhão-caçador, ela poderá fazer o tipo 'presa indefesa', pronta para ser caçada e subjugada, mas logo 'aprenderá' o jogo e inverterá os papéis (o que esse tipo adora).

Enfim, a mulher Profissional, mesmo sem ter freqüentado a Faculdade de Assédio por Sedução, tem um dom inato para a psicologia do macho provedor, e irá usá-la para fazer a democratização do capital tão sonhada pelos comunistas.

A característica do Profissional, seja ele do sexo masculino ou feminino, é a ausência de sentimentos genuínos, ausência de vinculação afetiva com o outro, característica do psicopata. Ele ou ela não se arrepende, não se comove, não se enternece com as demonstrações de afeto do outro, com as eventuais dificuldades para satisfazer as suas exigências, nem com as complicações que lhe podem advir. Tanto ele como ela estão imunes, impermeáveis a essas contaminações emocionais comuns nas pessoas ditas normais.

Maira era uma mulher bonita, bem-sucedida, filha de uma família de classe média alta e muito solitária. Apesar de ter apenas trinta e cinco anos, já se julgava fora da arena afetiva.

Sua retrospectiva, amorosa na verdade, era bem minguada, apenas dois ou três relacionamentos de curta duração —, e o mais intenso e duradouro relacionamento foi justamente com um homem casado, do qual tinha se separado há dois anos.

Um dia, num bar, conheceu um homem encantador. Ele se aproximou do grupo de mulheres em que ela estava e, ainda que desse atenção a todas, fixou-se mais nela. Dali trocaram telefonemas e, surpreendentemente, pela primeira vez na vida dela, o outro tomou a iniciativa de telefonar. Foi logo dizendo que desde que a conhecera não conseguia tirá-la da cabeça, que estava 'pirando' e precisava muito vê-la 'antes de viajar'.

Ele revelou também ser presidente de uma grande empresa e que estava envolvido numa concorrência internacional etc., etc.

Maira não sabia se gritava ou desmaiava de tanta alegria. Finalmente, pensou: "Chegou a minha vez, e em grande estilo."

Ele não era um homem bonito, mas muito charmoso, muito 'sedutor', sempre cheio dos gestos educados e atenciosos (coisas do tipo abrir a porta do carro, puxar a cadeira no restaurante, não aparecer sem estar munido de flores ou uma garrafa de um bom vinho etc.) e, ainda por cima, era r-i-c-o! Quando finalmente foram para a cama, ela quase enlouqueceu. Ele era o máximo, colocava nos últimos lugares da lista de qualidades todos (poucos) os seus relacionamentos anteriores. Definitivamente se podia dizer que pela primeira vez ela estava conhecendo o sexo, aos trinta e cinco anos!

Resumo da ópera: ela estava total e irremediavelmente apaixonada, estava 'de quatro', como dizia para as amigas. No fim de duas semanas, com a intimidade já fortemente selada e após conversas sobre compromisso sério (ele: "Olhe, nós precisamos pensar seriamente no nosso futuro. Não somos mais crianças, precisamos construir um lar), ele apareceu com o semblante caído. Fingindo não ser nada sério, ela insistiu, preocupada em vê-lo daquele jeito, e principalmente sem querer fazer sexo. Ao que ele respondeu: "Na minha situação um homem não tem estímulos para satisfazer uma mulher, principalmente uma princesa como você."

Depois de muita insistência por parte dela, ele 'confessou' que perdera a concorrência, ficara endividado e estava numa situação difícil, pois tinha muito 'dinheiro no exterior', mas por causa da fiscalização não estava conseguindo trazer esse dinheiro de volta.

Tenho certeza de que vocês já imaginam o desfecho da trama. Ela o 'obrigou a aceitar a sua poupança de toda uma vida' e depois ainda levantou dinheiro no banco para comprar um carro para ele à vista (ele foi obrigado a vender o dele, que na verdade pertencia a outra mulher, que ameaçou mandar a polícia atrás dele, se não o devolvesse).

A partir daí o 'empresário' começou a se afastar, até que sumiu de vez. Mesmo depois do sumiço, Maira não o culpou; muito pelo contrário. Achou que ele poderia ter se sentido humilhado, sabe como é, 'orgulho machista', por ter aceitado a ajuda financeira dela. Ou então tenha sido algo que ela tenha dito ou algo que fez sem perceber e que o magoou; afinal, ele era um homem muito sensível. Foi preciso ver a foto dele no jornal, como um estelionatário especializado em golpes em mulheres, para que (ainda com relutância) caísse a ficha.

A quantidade de 'profissionais' da sedução está aumentando, talvez atraídos por um mercado em franca expansão e pelas facilidades de sucesso. Depenar uma mulher carente é muito mais fácil e menos arriscado que assaltar um banco. Mas aumenta também a concorrência dos amadores, que mesmo sem terem uma intenção clara, deliberada de extorquir mediante sedução, acabam agindo assim, às vezes embalados pelo antigo provérbio 'a ocasião faz o ladrão'.

A falta de uma educação sentimental e a extrema carência afetiva, cultivada num caldo cultural em que a ordem é não ficar sozinha, geram esse mergulho nos braços do inimigo. Essas mulheres formam um butim tentador, principalmente na atualidade, quando têm acesso ao mercado de trabalho e geram renda e bens 'apetitosos'.

Na verdade, o Profissional é uma evolução 'natural' de outro tipo mais ingênuo, o 'caça-dotes', aquele sujeito que não tinha onde cair morto e então se casava com a filha de um ricaço para ter acesso à boa vida. É o que muitos chamavam ou chamam ainda de 'golpe do baú'.

Nessa versão antiquada a moeda de troca era o casamento, e havia uma certa consensualidade na transação. Ficou folclórica a figura do pai poderoso e rico que 'comprava' um marido para a sua filha feiosa e desajeitada. Alguns desses casamentos até iam em frente, muitos genros pobres se tornaram herdeiros e o braço direito dos sogros poderosos. Bons tempos românticos!

Naturalmente, a figura da mulher 'golpista' também existiu e ainda existe, mas as suas armas dificilmente são a sedução pela 'lábia', pelo enredamento verbal, embora sempre haja um componente de ficção no processo.

A mulher que arma a rede para capturar um homem geralmente o faz usando o sexo como arma principal e uma falsa fragilidade, que entrega nas mãos do homem para a condução do seu (dela) destino. Muitos homens são facilmente seduzidos por essa combinação. Sentir-se poderoso ao ter uma criaturinha tão frágil assim nas mãos, ter a responsabilidade sobre o destino de alguém é engrandecedor. A maioria dos egos masculinos infla ao ter uma mulher sensível, frágil, vulnerável, aninhada no seu peito, pedindo que a proteja, que seja o seu guardião.

Se essa cena for representada depois de uma sessão de sexo 'especial' (onde também há um enorme espaço para a manipulação, coisas do tipo: "Vá devagar, seja carinhoso comigo, há muito tempo que não faço isso etc."), aí costuma ser infalível.

Profissional ou amador da 'velha guarda' ou dos novos tempos, o componente aqui é a falsificação, a mentira, uma encenação visando a um objetivo mais ou menos claro, um plano onde ao final um ganha e o outro perde.

Quando eu estava fazendo a revisão do livro, assisti a uma cena de uma telenovela na qual um empresário durão, muito rico (que além de casado tem uma bela amante 'oficial'), está no quarto com uma jovem garota de programa. Ele se levanta e se prepara para sair, deixando, é claro, o 'cachê' dela sobre o criado-mudo. Ela acorda e diz que vai ficar um pouco mais, pois estava cansadinha, *ele a havia derrubado*. "Você está cada vez mais vigoroso, surpreendente." Ele não fala nada, mas tira do bolso mais algumas notas e deixa sobre o outro criado-mudo. Essa cena de poucas palavras foi muito eloqüente.

Reconhecer um Profissional é fácil para quem está ligado na possibilidade e tem uma mente racional bem ativa, ou seja, é para poucos. Para quem está de fora e vê ou ouve um relato do *modus operandi* do profissional, parece óbvio demais, e o espanto de como aquela moça inteligente pôde cair nessa arapuca é comum. Mas temos de entender o contexto e saber que a sedução foi armada. Como disse uma delegada de polícia experiente: "Carência, carência e mais carência." Mesmo assim, algumas dicas para o reconhecimento do Profissional podem ser úteis:

1. Ele surge do nada, como se uma fada bondosa o tivesse entregado embrulhado para presente e pronto para ser usado.

2. É um ser *perfeito*, parece que adivinha os nossos pensamentos, as nossas vontades, os nossos gostos, e está sempre pronto a satisfazê-los.

3. Mostra algumas discrepâncias entre o que anuncia ser e o que de fato apresenta. Por exemplo, diz ser alto executivo e vem com um carro velho. É claro que ele tem na ponta

da língua a desculpa perfeita: "Esse carro foi do meu pai e tenho uma relação sentimental com ele, apesar de ter mais quatro carros novos importados."
4. Não franquia o apartamento dele, não apresenta a família, não tem círculo de amigos.
5. Tem um horário superflexível, como se estivesse sempre de férias (na verdade está 'trabalhando').
6. É superinteressado em tudo que diz respeito à vida da vítima, mais especificamente em relação ao seu patrimônio pessoal (ou de sua família) e à sua poupança (a financeira!).
7. Em menos de 30 dias fala de seus problemas financeiros e dá o golpe fatal. Mas, atenção: há tipos mais sofisticados que não pedem dinheiro; eles costumam oferecer mais dinheiro, na forma de um negócio da China que, por 'amor', vai incluir a vítima. Podem ser ações micadas, investimento em algum paraíso fiscal, empréstimos a juros irreais (afinal, o seu dinheiro está na poupança, rendendo uma mixaria, não é mesmo?). Naturalmente, essa grana não será mais vista nem de binóculos, mas, "sabe como é, todo investimento tem o seu risco". O Profissional só larga o osso quando a fonte tiver secado ou a vítima abre os olhos e pede ajuda para contra-atacar.

O Carente, o "Coitado" ou Senhor Disfuncional

Para muitos pode parecer incrível que alguém ainda use o marketing do coitadinho, do doentinho, para vender seu produto. Conheci um sujeito assim, quando da minha frustrante passagem como vendedor de enciclopédias.

Um dia eu estava esperando o gerente para pedir demissão, quando entrou na sala um cara malvestido, com um terno ensebado, camisa puída, sapatos sujos e aparência geral de um quase mendigo.

Só percebi que ele era vendedor de enciclopédias pela indefectível pastinha que todos nós usávamos. Cumprimentou-me com humildade e logo puxou conversa. Quando se apresentou, ainda tive alguns segundos de hesitação, mas logo juntei as pontas e compreendi tudo. "Eu sou o Cirilo, aquele ali do alto do quadro-negro", disse com um sorriso confiante. No alto do quadro-negro estava o nome do campeão de vendas de todas as equipes, o modelo máximo a ser seguido pelos pangarés como eu.

Aquele homem aparentemente simples, ali na minha frente, era uma lenda viva entre os vendedores (meio no qual não pude me incluir, pois nunca consegui tirar sequer um pedido para alguém da minha família) e, pelo tanto que faturava, devia ser um quase-rico.

Mais tarde, o gerente, ainda tentando me convencer a ficar e tentar mais um pouco, me contou como o Cirilo agia. Ele batia na porta das pessoas e anunciava a venda, sem subterfúgios, sem truques de 'quebra-gelo'. Quando as pessoas ameaçavam bater a porta na cara dele, ele começava a chorar. "Tem coisa mais pungente que um homem chorando na sua frente?", perguntou-me o gerente.

As pessoas compravam dele por pena, embora ele 'contestasse' e 'protestasse' que não queria a piedade dos outros, queria apenas vender a sua maravilhosa enciclopédia.

Sua atuação era tão forte que ele chegava a fechar o mostruário e ameaçar se retirar indignado se a 'vítima' não lhe garantisse que estava comprando pelo mérito do produto e não por estar penalizada com a situação dele: devendo ao banco, com a mulher doente na cama e os filhos pequenos sendo deixados com a vizinha...

Se isso fosse insuficiente, ele sacava um grave problema de saúde, que 'preferia não comentar', o que não só era o golpe de misericórdia, mas também apressava a venda, pois os incautos queriam se ver logo livres dele (sabe-se lá se o tal problema era contagioso?). Mas era comum ele ser convidado para comer. "Pelo menos um pratinho... o senhor já almoçou hoje? Já tomou café da manhã?"

Pois é, esse tipinho também tem um forte apelo sedutor sobre alguns tipos de mulheres. Uma cliente me confidenciou que havia conhecido o seu atual companheiro via internet. Conversaram e criaram vínculos virtuais durante algum tempo. Naturalmente trocaram fotos e muitas confidências. Um dia ele lhe disse que estava doente e que não tinha onde ficar, nem quem cuidasse dele. Ela imediatamente avisou que estava indo (em outra cidade) para buscá-lo e que iria cuidar dele.

Muitas mulheres se comprazem em constelar o arquétipo da enfermeira, da Florence Nightingale mítica, e precisam de homens que encenem o modelito do enfermiço, do ferrado, do pisado pela vida. É claro que a minha cliente acabou cansando de carregar aquele peso nas costas, mas foi duro dar um *The End* àquela relação, pois sempre que ela o ameaçava ele ficava ora frágil e adoentado, ora ressentido e agressivo.

A sedução do coitado só existe porque precisamos nos sentir superiores a alguém. Sabemos que somos rotos e, quando encontramos um esfarrapado, exultamos, pois saímos do limbo pela alavanca de alguém que está mais embaixo. Mulheres que caem no conto do coitado costumam ser fortes e decididas para o trabalho, mas também têm no seu currículo traições e desventuras causadas por homens 'fortes' e ambiciosos. Dá para ver que a relação é compensadora.

O Comediante

É o risadinha. Está sempre rindo e fazendo os outros rirem. Sabe dar a tirada certa, nem sempre no momento certo, mas aparentemente seu astral inabalável está constantemente lá no alto.

Muitas pessoas o acham o cara mais alegre e de bem com a vida do mundo. E quem não quer estar perto de um sujeito tão alto-astral assim?

Ele colocou a máscara do palhaço e, mesmo que esteja com problemas, sem dinheiro, chorando por dentro, continua com um sorriso de orelha a orelha. Claro que raramente isso é um personagem criado artificialmente.

O Comediante/Palhaço é parte da personalidade do sujeito. Mas, com o sucesso obtido na arte da sedução, ele vai cultivando, aprimorando e reforçando esse tipo.

A princípio, as mulheres não o levam a sério, e aí está a pegadinha. Ele sabe disso e abusa da sua 'inofensividade'. Contra ele ninguém fica prevenido, não há uma retranca, ele tem passe livre por onde anda.

O golpe de misericórdia acontece quando ele resolve 'falar sério'. Aí é covardia. Ele demonstra uma profundidade, um alcance psicológico que encanta a todos e todas, encanta e comove.

Quantas mulheres me confidenciam que já se deixaram seduzir por um bobo da corte, pelo comediante amador, o palhaço da turma, que ninguém leva a sério.

O humor, fazendo um contraponto com o 'papo sério', é um jogo de sedução muito forte. Além disso, é claro, quem não quer ter por perto alguém que está sempre de bem com a vida, mesmo que seja apenas um personagem?

O Mentiroso Patológico

Uma frase interessante que ouvi da mãe de Ray Charles no filme *Ray* foi: "Atrás do mentiroso sempre vem o ladrão." Por isso, todos os dias rezo e peço a Deus para tirar do meu caminho os mentirosos crônicos (patológicos).

Mas o que seria o mentiroso patológico e qual a diferença entre este e os mentirosos comuns?

O Mentiroso Patológico é um doente. A vida como ela se apresenta lhe é insuportável, e assim ele precisa estar sempre fazendo alguns 'ajustes' na realidade à sua volta.

Aqueles que mentem de forma ocasional o fazem por conveniência ("Cheguei atrasado porque furou um pneu") ou para sair de uma situação embaraçosa, como os devedores, políticos e pessoas públicas em geral, que não podem falar sempre a verdade sob pena de pagar um preço elevado.

Mas não é o caso do Mentiroso Patológico. Ele simplesmente não sabe viver sem a mentira. Às vezes, distorce algo que realmente existe, mas em proporções infinitamente diferentes das que apregoa e defende.

Conheci um sujeito que em sua juventude trabalhou numa multinacional como encarregado de serviços gerais, mas passou o resto da vida dizendo que foi diretor, vice-presidente e, por fim, presidente. Como ele realmente conheceu a empresa por dentro, não lhe era difícil construir uma base factual para o seu castelo de areia. Naturalmente essa não era a sua única mentira grave (e sem dúvida ele tinha um bom uso para ela, como arma de sedução tanto de mulheres quanto de homens). Ele usava essa mentira e encadeava outras no mesmo nível de grandeza, para não só se elevar diante das pessoas (o Mentiroso Patológico costuma ter um ego distorcidamente inflado), mas principalmente para obter vantagens.

O Mentiroso Patológico pode ser um doente, porém não é burro. Por isso ele constrói fantasias que enchem os olhos de alguns (suas vítimas), atraindo-os como presas magnetizadas para as suas garras. O Mentiroso Patológico obtém sucesso porque fala de realidades tão distantes para as suas vítimas que, exatamente por isso, não têm como fazer uma checagem.

A principal diferença entre o Profissional e o Mentiroso Patológico é que o primeiro sabe que é um ator, tem plena consciência durante todo o tempo de ter montado um circo para entreter e passar a perna nos incautos. Já o outro o faz de forma compulsiva e nem sempre quer tirar uma vantagem pecuniária; às vezes, o que pretende é apenas ser respeitado, reconhecido e paparicado pelo seu imenso status.

Dicas para identificar e fugir correndo do Mentiroso Patológico:

Tudo dele é grandioso, tudo é superlativo. Palavras como o primeiro lugar, a casa mais bonita, o cachorro mais premiado, o maior faturamento, o executivo mais jovem, a melhor comida etc. são fáceis na sua boca.

Porém, há uma defasagem clara entre o discurso megalomaníaco e a realidade em que vive. O seu carro, o seu apartamento, o seu relógio, as suas roupas e as dificuldades (bem camufladas) que apresenta não fecham essa conta.

Mas ele tem prontas as respostas para isso também. Pode explicar tudo. Por que o seu carro não é um carrão, por que a sua mansão não pode ser visitada, por que está sozinho e a família não quer vê-lo nem pintado, por que está 'momentaneamente' sem talão de cheques etc. A profusão de desculpas, justificativas e explicações cheias de contorcionismos é uma característica desse tipo de pessoa.

O Mentiroso Patológico precisa criar um escudo à sua volta para proteger suas mentiras. Assim, ele vai montar esquemas defensivos para evitar que haja acesso àqueles que o conhecem bem e possam desmascarar seu mundo de faz-de-conta. Para garantir o não-acesso aos que o conhecem bem, ele monta um processo de sabotagem constante desses parentes ou conhecidos. A ex-mulher o traiu ou é uma víbora mais venenosa que a pior cascavel, o filho o roubou e se envolveu com a polícia, o irmão foi o grande ingrato depois de tudo que ele fez para ajudá-lo, uniu-se com o seu maior inimigo, e por aí vai.

Desconfie se todos os relacionamentos do sujeito estiverem contaminados pela ingratidão, pela traição ou pelo simples mau-caratismo, ou seja, ninguém que fez parte de sua vida presta... só ele.

Por fim, lembre-se: o Mentiroso Patológico só triunfa, isto é, ele só vai ferrar você caso se deixe encantar pelo seu canto da sereia. E, como diz um amigo delegado de polícia, só cai em conto de vigarista quem, de certa forma, quer também levar vantagens indevidas.

Sete

Abstração de Alto Nível, Indiferença e Despessoalização

Num filme de guerra, alguns generais estavam dentro de uma barraca de campanha discutindo a estratégia de um ataque. Falavam constantemente em 'alvos', em 'baixas' etc. Mais tarde, a câmera começou a passear pelo campo de batalha devastado, eivado dos corpos dos 'alvos' inimigos e das 'baixas' dos atacantes. Mulheres choravam sobre alguns cadáveres acompanhadas por crianças assustadas e vestidas em suas máscaras de dor.

É claro que os 'alvos' e as 'baixas' eram pessoas que tinham uma vida, eram pais, irmãos, amigos, filhos, namorados, tinham sonhos, projetos de vida, sentiam dor, medo, desejos etc.

Naturalmente os generais não poderiam levar isso em conta, porque senão não atacariam, não matariam, nem mesmo seriam generais.

Tanto as generalizações quanto as abstrações são recursos sem os quais, talvez, a sociedade, como a concebemos, não poderia existir. O problema está em quando fazemos abstrações de altíssimo nível, apenas para esconder as nossas fraquezas, a nossa incompetência em sermos verdadeiramente humanos. O Sedutor/Assediador não vê a sua vítima ou seu 'alvo' como um ser igual a ele. Não pode aceitar que o foco do seu assédio seja um ser pleno, que tem mãe, irmãos, gente que gosta dele e que irá sofrer com o seu sofrimento. Assim como os generais do filme, o Sedutor/Assediador mira no seu alvo e vê apenas algo a ser conquistado, uma *presa* (se ele se vê como um predador). Ele precisa agir e pensar assim, despessoalizar o outro (e a si mesmo) para que não haja sentimentos do tipo 'grilo falante', os chamados escrúpulos cada vez mais amortecidos entre nós.

Quando eu tinha por volta de 13 anos, ficava perplexo e ao mesmo tempo excitado quando ouvia meus amigos mais velhos (com 16/17 anos) calcularem quem havia conquistado mais 'cabaços'. Sei que a palavra soa mal, e soa para mim também, mas era assim que eles se referiam ao hímen rompido das garotas ainda virgens que conquistavam. Elas não passavam de cabaços, de pequenas pelancas, testemunhas anatômicas da sua até então intocabilidade.

O objetivo desse clubinho privê era apenas colecionar cabaços, como se essas pequenas e delicadas estruturas crescessem em árvores e pudessem ser colhidas com apenas o esforço necessário para trepar em seus troncos (o trocadilho aqui é intencional). Eles não falavam de meninas, de irmãs, de filhas, de futuras mães, de estudantes; não, eles falavam delas como se fossem árvores de cabaços, disponíveis para serem colhidos, e indiferentes a isso. Essa era uma baita de uma abstração, muito conveniente, muito anestesiadora de sentimentos e considerações de fundo moral, os

Abstração de Alto Nível, Indiferença e Despessoalização

tais escrúpulos, a tal humanidade, varrida para longe por uma cultura perversa. Funcionava mais ou menos como o risquinho feito pelos pistoleiros na culatra dos velhos Colts, referindo-se a cada homem morto no Velho Oeste americano. Uma vida para cada risquinho!

O vocabulário empregado pelos assediadores/sedutores é bem ilustrativo a esse respeito. Meu irmão mais novo, um ex-sedutor de carteirinha, que se diz aposentado, quando ia sair aos sábados à noite, todo perfumado e com a sua melhor roupa, costumava dizer: "Vou caçar!" Outros diziam que iam *pescar* ou que iam *à guerra*. Nessa linha algumas conquistas demoravam um pouco mais, e aí diziam: "Estou cercando, estou cevando."

Nesse ponto alguém se sentirá atingido e dirá: "Alto lá, Roberto, todos nós precisamos conquistar os nossos parceiros. A mulher com que estou casado foi conquistada ou me conquistou, não importa." Certo, leitor alerta, não estamos aqui falando de conquista amorosa, que pode até guardar com o assédio por sedução alguns aspectos em comum. Mas, na conquista amorosa, há o mútuo comprometimento, *o conquistador também é conquistado*, e, como se diz na gíria policial, chumbo trocado não dói (mentira feia).

O assédio por sedução é um *raid* unilateral, onde os lados nunca se confundem e o conquistador NUNCA é conquistado.

E, apenas para complementar a réplica do meu hipotético leitor atento, amor é uma palavra alienígena nesse script. Essa linha que separa as duas espécies de sedução, de conquistas e de conquistadores é muito tênue e, por mais que eu tente delimitá-las, ainda existirão os que irão misturar as 'bolas'.

Para terminar: na conquista por assédio, tudo ou quase tudo que envolve o processo é falso. Há todo um teatro (hoje em dia cada vez mais percebido pelas 'vítimas') formado por clichês comportamentais e discursivos. Há um verdadeiro processo de *estelionato sentimental*, onde os elogios não são sinceros, as promessas não são feitas com intenção de serem cumpridas, as mentiras são contadas com a ênfase de verdades, os gestos são ensaiados e o que se oferece ao outro é apenas um personagem.

Mas não podemos nos enganar: esse jogo de azar não é domínio do homem. Ambos os sexos, cada um com as suas armas e usando no limite de suas possibilidades as vias que a sua sociedade e a sua cultura lhes facultam, montam esse circo. O que diferencia ou pelo menos diferenciava homens e mulheres sedutores eram os fins.

Os homens visam muito mais à conquista sexual de curto prazo, e as mulheres à conquista sentimental de longo prazo. Naturalmente, quando se pretendem objetivos de longo prazo, o arsenal de falsificações deve ser bem menor, pois a mentira tem pernas curtas.

Assim, os processos sedutores femininos são infinitamente mais sutis, muitas vezes fingindo acreditar no jogo do outro, apenas para ter uma chance de virá-lo mais tarde (quando a conquista estiver bem sedimentada), usando suas próprias armas de sedução sexual, afetiva e psicológica.

É aquela história de o feitiço virar contra o feiticeiro, ou de o caçador virar caça, ou de o colocador de armadilhas enfiar o pé numa delas, e assim por diante. As estratégias de sedução femininas, que há pouco tempo não poderiam constar deste livro por visarem mais especificamente ao estabelecimento de relações duradouras hoje, já têm um lugarzinho aqui, quando partem para o jogo da sedução mirando também nas conquistas de curta duração, sexo casual ou apenas vantagens financeiras.

Esse comportamento, o qual em termos de escala ainda não se compara ao que é praticado pelos homens, começou a mudar, pelo menos assim percebi, na década de 70. Lembro-me de que nessa época conheci duas meninas consideradas pelas outras como 'galinhas' e pelos meninos como 'muito doidas'. Eram amigas inseparáveis, irreverentes e liberadas (pelo menos da boca para fora). Falavam palavrões, fumavam (início dos anos 70) e, quando se deparavam com um garoto atraente, uma se virava para a outra e dizia: "O que você acha? É *comível?*"

Ao se apossarem de um discurso masculino, essas revolucionárias dos costumes subverteram uma cultura, mas pagaram (e estão pagando) um preço por isso. Hoje esse comportamento, principalmente nos grandes centros urbanos, está mais disseminado, a mulher também busca imitar o comportamento predador e não comprometido do homem, mas por motivos diferentes.

Voltando a fazer uma analogia com os enredos de bangue-bangue do Velho Oeste americano, podemos dizer que elas resolveram, por medo principalmente, atirar primeiro e fazer perguntas depois. Talvez a raiz desse comportamento não esteja tão longe do fator motivacional masculino, que na minha opinião sempre foi o medo. O medo do repúdio, o medo do fracasso, o medo da rejeição pessoal, o medo da incompetência para administrar o compromisso numa relação sentimental em que o equilíbrio é sempre precário.

Conheço homens que reclamam das táticas agressivas ou dos comportamentos obsessivos das mulheres 'caçadoras'. Sempre digo: "Não reclame, elas tiveram bons professores." Mas mesmo quando as mulheres são as assediadoras (a não ser em casos como a da personagem de Glenn Close no filme *Atração Fatal*, onde ela barbarizou a vida do personagem de Michael Douglas), ainda passam longe do furacão masculino. Isso é compreensível, temos mais tempo de estrada, mais *know-how* acumulado, e a cultura social (e a religiosa) nos dá ampla sustentação, enquanto ainda censura ostensiva ou veladamente esse comportamento nas mulheres.

Oito

As Motivações

No meu livro *O Poder da Vingança*, eu disse que a vingança como projeto de vida de quem foi lesado profundamente pode estruturar a vida do indivíduo, dando-lhe um sentido; por isso ela é tão forte e tão obsessiva.

Na verdade, muitos dos programas emocionais avassaladores são frutos dessa descoberta: eles dão um sentido à vida! Não importa se esse projeto é o assassinato de alguém, a construção de um 'mundo novo' ou a conversão das massas 'à verdadeira fé'.

Vocês devem se lembrar daquela seita japonesa que se autodenominava 'Verdade Suprema', que liberou o mortal gás Sarin no metrô de Tóquio. Seu objetivo 'sublime': matar o maior número possível de pessoas inocentes em nome de um ideal místico-político-ideológico obscuro (a meu ver, para eles deve ser algo mais claro que o mais puro cristal).

Isso acontece quando o sujeito 'vê a luz' de uma revelação religiosa, quando descobre um veio de ouro ou de diamante (ou está convencido de que vai descobrir) ou ainda quando desperta a sua vocação para libertador da humanidade.

Como disse Jung: "Aproximadamente um terço dos meus clientes nem chega a sofrer de neuroses clinicamente definidas. Estão doentes devido à falta de sentido e de conteúdo em suas vidas. Não me oponho a que se chame essa doença de neurose contemporânea generalizada."*

A mente coletiva atual substituiu muito rapidamente valores antigos e profundamente enraizados na psique e na cultura da humanidade e nada deu em troca que tivesse um peso igual. Assim, ficamos como o personagem de Dante, na *Divina Comédia*: "No meio do caminho de nossas vidas me encontrei perdido numa selva escura."

Sem querer filosofar, para as multidões que não precisam mais sair de casa para caçar o seu alimento cotidiano e lutar para chegarem vivas até o fim do dia sobrou uma forma de vazio. Se essas pessoas não têm uma missão religiosa, não têm um objetivo revolucionário, não têm vocação para Madre Teresa de Calcutá, sobra-lhes apenas o frugal viver: trabalhar, divertir-se, namorar, criar os filhos, visitar os pais no domingo etc. Para muitos isso é pouco.

O vazio existencial pode se instalar em alguma região não identificada do ser e ali começar a crescer. Para essa 'raça' de seres famintos de maiores motivações, viver apenas com as regras e cultos que a nossa civilização construiu é insuficiente para aplacar-lhes a fome de sentido. Eles se vêem como inutilidades ambulantes, como sacos vazios que não param de pé e ainda por cima teimam em manter suas vidas 'vazias', e isso gera ainda mais culpa e mais vazio. Se as pessoas fossem veículos (e de certo modo são), poderíamos dizer que esse vazio é a realidade do seu tanque de combustível. Sem combustível a máquina pára, empaca.

---

* *A Prática da Psicoterapia*. C. G. Jung, Vozes, 1981.

Mais uma vez, Jung trata com lucidez esse tipo de síndrome do empacamento quando diz: "Esse ficar estagnado é um processo psíquico. No decurso da evolução da humanidade esse fato repetiu-se incontáveis vezes, até que se tornou tema de inúmeros contos e mitos, como os que falam de uma chave mágica para abrir um portão trancado ou então de um animal prestativo que vem ajudar alguém a encontrar um caminho oculto. Em outras palavras, ficar estagnado é um episódio típico que também deve ter dado origem a reações e compensações típicas no decorrer dos tempos."*

Em uma atitude desesperada para sair da estagnação (e ir em busca de um sentido), muitos escolhem seguir um líder, seja ele o sinistro chefe da 'Verdade Suprema', um candidato a senador nos Estados Unidos, um aiatolá ou um cantor de rock. Mas para um grande subgrupo de estagnados esse vazio recebe um nome, uma titulação, uma identificação — ele pode se chamar vazio de amar ou vazio de amor. Esse é um 'mal' que assedia um imenso contingente de seres humanos da nossa idade pós-moderna ou seja lá o título que os nossos descendentes lhe darão.

Para alguns esse buraco sem recheio na nossa alma pode ser enganado com drogas, outros usam sexo, e mais alguns rock'n roll (não resisti ao uso do bordão). Mas ainda sobraram muitos (e principalmente muitas) para quem a única solução é o AMOR, não o verdadeiro (embora eu mesmo não saiba exatamente o que isso possa significar), mas o amor idealizado, tecido pela cultura de seu grupo social ao longo do tempo.

---

* Idem, p. 41.

Mas aonde quero chegar com essa digressão poético-filosófica? Na facilidade com que uma pessoa aparentemente inteligente, capaz de ser bem-sucedida profissionalmente, morde a isca de um Assediador/Sedutor. Na verdade, isso me lembra de novo a minha experiência com a venda de enciclopédias. O gerente dizia que a venda tinha de ser tão poderosa a ponto de o cliente chegar a pedir e até implorar para que lhe vendêssemos os volumes.

Ao abrigarem esse vazio, ao se verem nesse empacamento, atoladas na sua existência 'sem sentido', tornam-se as presas mais indefesas desses predadores, eles mesmos incapazes de vivenciar qualquer tipo de carência existencial (têm mais o que fazer). O que tenho ouvido das minhas clientes seduzidas irremediavelmente (antes do choque com a realidade) é que o fulano (o Sedutor) "deu sentido à minha vida, preencheu meu vazio (sem conotações maliciosas, por favor), colocou-me de novo em movimento".

Nesse sentido, a atuação do Sedutor é elaborada com a finalidade de justamente fazer esse papel para quem estava *só* esperando a banda passar. Ele, seja profissional ou amador, sabe, de saber 'sabido' ou por uma intuição típica dos animais predadores, o que fazer, o que falar, as teclas certas para apertar e abrir o programa da carência existencial afetiva.

Como dizia a velha-guarda da malandragem carioca: "Todos os dias pela manhã saem de casa um trouxa e um malandro. Quando eles se encontram, sai negócio." Esse encontro é do tipo mão e luva, é o sonho de todo vendedor de enciclopédia: tocar a campainha de uma casa e ouvir: "Poxa, hoje é o meu dia de sorte. Eu estava mesmo querendo comprar esta enciclopédia!"

As Motivações

A Bela Adormecida estava *estagnada,* dormindo o seu sono mágico quando o príncipe, depois de enfrentar todos os perigos, deu-lhe o beijo que a pôs na ativa de novo. A Cinderela estava *estagnada* na casa da madrasta, quase uma prisioneira, quando o príncipe achou seu sapatinho de cristal. Rapunzel *presa* na torre do castelo, e os tantos outros motivos populares que indicam um ser travado resgatado por alguém com a energia mercurial — a liberdade do movimento (o príncipe no seu cavalo branco). Assim é no universo mítico, assim é na vida real.

Para o nosso núcleo as palavras são como o veículo do combustível, elas vêm apertar as teclas sensíveis que estavam emperradas por falta de uso. Por isso o Sedutor alcança tão facilmente o seu objetivo: ele sabe escolher a vítima, 'sabe' quem está travado, estagnado, apenas esperando ser resgatado do pântano sombrio da não-existência para as alturas luminosas do 'amor', seja ele físico ou espiritual.

Por isso que é tão comum e universal o sonho de estar voando. Voar (além de outras possibilidades, como a experiência fora do corpo) pode ser o anseio de quem se encontra ou acha que se encontra estagnado, desamado, preso a uma realidade espinhosa, ressequida. Ser levado no espaço pelas mãos de Peter Pan para uma vida cheia de aventuras (e de sentido) é um 'sonho' juvenil que esconde numa gaveta, bem lá no fundo, a psique de muitos homens, mulheres, jovens, velhos, ricos e pobres.

Antigamente o veículo era o barco, e a possibilidade, os mares. Por isso ficou mitificado o motivo do marinheiro que tinha um amor em cada porto. As mulheres que se entregavam aos marinheiros o faziam na esperança (inconsciente) de que levassem um pouco delas para o balanço do mar, para serem tocadas pelos ventos como as velas dos barcos. A cena da mulher em pé no cais, com o olhar perdido no horizonte à medida que o navio do seu 'amado' ia diminuindo, é clichê. Em geral, a câmera focalizava primeiro as duas lágrimas escorrendo pelas faces, e depois um leve sorriso cúmplice (esperança e mais o quê?) se esboçando em seus lábios. O marinheiro significava o movimento em contraste com a prisão às raízes da terra, a condenação à imobilidade. Esse é o modelo ainda atual das fantasias de muitas mulheres que só estão esperando o encontro com o Sedutor para fechar negócio.

"E daí? Para onde vamos?", poderá perguntar alguém com maior senso prático. Não sei bem. Poderemos continuar nessa linha filosófico-poética e analisar as razões desse vazio existencial tão moderno ou tentar apontar caminhos para orientar essa busca. É claro que essa última possibilidade, apesar de sua coloração mais pé no chão, não foge das complexidades possíveis. Afinal, estamos falando dos relevos insustentáveis da alma humana. Mas, se cabe algum palpite, vamos a ele: buscar sentido na vida pode ser uma armadilha tipicamente ocidental.

Meu antigo mestre dizia: "Você deve ser como as nuvens; elas simplesmente passam e não ficam perguntando de onde vieram e para onde vão." Embora não seja do tipo orientalista, acredito que o sentido da vida é a própria vida, e que essa preocupação ou sensação de vazio, de sem sentido, seja uma característica de pessoas com alto grau de sensibilidade e ao mesmo tempo uma alta instabilidade em seu Q.I.E. (Quociente/Inteligência Emocional).

Essa sensibilidade pode ser tornada insuportável quando não há mais desafios a serem superados ou, ao contrário, a percepção dos desafios se projeta tão avassaladoramente

As Motivações

grandiosa que um sentimento de prostração e de impotência pode alimentar a percepção da falta de sentido.

Lembro-me de uma redação que escrevi no colégio, no auge do meu deslumbramento político-ideológico, sobre os heróis da resistência no Vietnã, ocupado então pelas tropas norte-americanas. No final do texto eu dizia: "... e não há notícia de que no Vietnã alguém se suicide." O que já na época percebia é que a motivação para viver, para entrar na onda do sentido da existência, era a missão maior; no caso dos vietnamitas do Norte, a expulsão dos estrangeiros invasores. Muito dessa sensação de pote vazio se dá pela falta de desafios, ao mesmo tempo pela falta de perspectivas, característica da nossa época.

Para muita gente, estar vivo não é o bastante. Ter uma casa, uma família, um carro, comer todos os dias, nada disso é suficiente para determinadas pessoas. Elas querem mais, querem algo intangível, talvez se sentir incluídas num grande plano, fazer parte de algo, ter uma missão, sentir-se tocadas pelos deuses, sejam eles divinos ou de carne e osso.

Para aplacar esse tipo de sede crônica, de pessoas normais, sem nenhuma patologia, senão sua extrema sensibilidade, não há muito que fazer. Mas podemos sempre mostrar-lhes a sua fragilidade e dizer-lhes que tenham cuidado, pois essa é a porta pela qual o predador pode entrar. Os oportunistas vêem nessa demanda um amplo espaço para plantar seus programas de sedução e aprisionar suas vítimas pelo tempo que durar o transe.

Tanto as pessoas que simplesmente se vêem 'nadificadas', ocas, sem nenhum projeto que as alimente, quanto as que elegem projetos megalomaníacos de colocar um rei no trono ou salvar o mundo, estão no mesmo barco. Estar em busca de um sentido e encontrar um sedutor ou um guru na esquina costuma ser chamado de *o* encontro fatídico. Valorize as pequenas coisas com sentido, como disse Jung, não fique na janela esperando o rei da Pérsia chegar e levá-lo junto. Na maior parte dos casos em que alguém encontra em outro alguém o sentido para a sua vida, na verdade entrou num labirinto onde caminha, mas está perdido e simplesmente não há ponto de chegada, não há final coroado.

Conheci pessoas altamente espiritualizadas que me diziam ter encontrado alguém com o mapa para chegar a Deus. São os tais intermediários, perigosíssimos, eles mesmos perdidos, fingindo que vêem algo no denso nevoeiro em que estão mergulhados, apenas para encontrar alguém, tão perdido quanto, porém mais sincero em sua desorientação.

Muitos homens (e algumas mulheres), assediadores morais, se dedicam por sua vez a massacrar a companheira de forma tão sistemática, a ponto de elas passarem a se sentir anuladas, disfuncionais, perdidas. Essa é uma das mais perversas estratégias usadas em relacionamentos misóginos: convencer o outro de que ele ou ela nada significa, ou menos ainda que isso.

Nem sempre os perversos fazem isso com palavras, ou pelo menos só com palavras. Muito mal pode ser causado pela eloquência do silêncio, do desdém, do virar de costas e negar axialmente o outro. Pode ser feito com um muxoxo, um semi-sorriso irônico, um longo suspiro de enfado ensaiado, com um fechar de olhos ou meneio de cabeça. É linguagem pré-verbal pura, carregada de significados ferinos, mas que sempre podem ser negados; afinal, "uma pessoa louca ou burra costuma ver coisas onde elas não existem ou nunca foram ditas".

As Motivações

Quando procuramos alguém (consciente ou inconscientemente) para dar sentido às nossas vidas, corremos grandes riscos de encontrar um perverso que venha decretar a nossa total e irremediável nulidade. Esse é um risco real e concreto.

Para terminar este capítulo, uma historinha muito significativa:

"Numa cidade fantasma, chegaram três viajantes. Um era completamente surdo. Outro era cego de nascença. O terceiro era um miserável tão pobre que nem mesmo tinha roupa para vestir, mas achou uma espada no campo, e esta era tudo que possuía. Passaram a viver nessa cidade como seus únicos habitantes, até que um dia o surdo acordou alarmado, dizendo que tinha ouvido o tropel de cavalos ao longe. O cego imediatamente subiu numa colina e confirmou que já avistava a poeira da tropa se aproximando. O miserável, então, gritou que formassem uma linha de defesa para defender as suas posses dos inimigos que estavam vindo para roubá-los."

Nove

O Poder Mágico da Palavra Escrita Versus Oral

As pessoas que sabiam escrever, de um lado, e as que sabiam falar (no sentido de discursar, de oratória, de convencer etc.), do outro, sempre tiveram um lugar ao sol nas antigas sociedades, ao lado dos grandes guerreiros ou daqueles que já nasceram destinados ao poder. Saber usar a palavra, fosse ela escrita ou falada, tornou-se na maioria das sociedades ocidentais um atributo de destaque, uma forma de escapar da indigência na qual grande parte da população chafurdava.

A palavra escrita era tão importante que algumas sociedades, ainda que avançadas em diversas áreas do conhecimento, não desenvolveram a grafia, talvez por medo de aprisionar de forma perene aquilo cuja essência pertence ao elemento AR (palavras o vento leva, lembram?). Os incas, na América pré-colombiana, e os celtas, na Europa pré-cristã, são exemplos de culturas sofisticadas e que não desenvolveram a escrita. A palavra escrita sempre esteve envolvida numa aura de magia e de animismo, e até hoje é assim, o que veremos com mais impacto quando visitarmos a sedução no ambiente virtual.

Na tradição mística hebraica, o episódio do Golen, monstro mítico criado pelos rabinos-magos, essa relação entre a força mágica da palavra escrita fica claramente manifestada. Depois de criarem o monstro, os magos cabalistas precisavam conferir-lhe o sopro vital para animá-lo, e assim escreveram a palavra EMET (realidade, verdade) na sua testa. Quando o Golen ameaçou fugir do controle, eles simplesmente apagaram a letra inicial, e ficou a palavra MET, que significa morte. O monstro caiu e se desfez em pó.

Talvez por contrariar sua vocação oral/aérea, quando grafada, ela perde a sua fluidez, é aprisionada e permanece assim para quem quiser e puder ler, porém torna-se mais poderosa ou mais perigosa. A palavra escrita tem mais credibilidade que a falada por motivos óbvios — ela não pode ser desmentida, está ali, grafada, como testemunha inarredável de seu conteúdo. Por essa razão tantos déspotas ao longo do tempo se preocuparam em destruir livros e documentos escritos, pois, se as palavras faladas o vento leva, as escritas só com fogo desaparecem.

Assim, quando a sedução é feita por meio da palavra escrita, ela se reveste de maior peso, talvez de maior seriedade, ou ganha uma espécie de chancela 'oficial'. Por isso tenho incentivado meus clientes a escreverem cartas ou bilhetes aos seus parceiros ou pretendentes para reforçar um elo positivo ou para tentar aparar arestas de um relacionamento que está azedando. Não apenas um e-mail, mas algo de sua própria 'lavra', como se dizia nos 'antigamentes'. Por outro lado, alerto sempre para a intensidade das emoções impostas num pedaço de papel. Como se diz popularmente: "O papel aceita tudo."

Uma carta, diferentemente de um discurso emocionado, feito de improviso ao sabor das emoções, pode ser ela-

A palavra escrita vem encantando seus leitores há milênios, provocando emoções, criando e reproduzindo padrões de comportamento e propiciando um *ménage* cultural globalizante. Antes com papiros e pergaminhos que viajavam em lombo de camelos, depois com os livros e agora com a internet, as palavras grafadas e perenizadas viajam pelos mundos visível e invisível.

Na sua peça *Júlio César*, Shakespeare leva como sempre ao limite o poder da retórica em oposição ao poder da força bruta. Ele relata o traiçoeiro assassinato de César, o grande imperador romano, por Brutus e companhia, que era considerado seu filho. Dizem até que, ao ser apunhalado por Brutus César, ele proferiu a frase que ficaria marcada como sinal da infâmia da traição mais sórdida: *"Tu quoque Brute fili mihi"* ("Até tu, Brutus, meu filho?").

O trecho que vou reproduzir em seguida se refere ao discurso de Marco Antônio, amigo de César, em seu funeral. Prestem atenção em como ele não manifesta explicitamente a sua desaprovação ou condenação ao ato de Brutus e companhia, por motivos óbvios: Brutus havia conseguido convencer o povão de que César era inimigo de Roma e que eles sim eram os seus salvadores. Mas com habilidade e controle da oratória, em poucos minutos Marco Antônio conseguiu reverter a situação. Os comentários entre parênteses são meus:

Marco Antônio: *Amigos romanos, por favor, me ouçam.*
Eu vim aqui para enterrar César, não para louvá-lo.
O mal que os homens fazem vive além deles;
O bem em geral é enterrado com os seus despojos.
Que assim seja com César. O nobre Brutus disse-lhes
que César era ambicioso:

ROBERTO BO GOLDKORN — Assédio por Sedução

Se isso é verdade, foi uma falta grave.
Com gravidade César pagou por isso.
Aqui embaixo estão Brutus e o resto — *pois que Brutus é um*
homem honrado; assim como todos os outros, todos homens
honrados.

Convidaram-me para falar no funeral de César.
Ele era meu amigo, fiel e justo para comigo,
Mas Brutus disse que ele era ambicioso,
E Brutus é um homem honrado.
Ele recuperou muitos escravos de volta para Roma,
Cujos resgates encheram o cofre do general
(refere-se a Brutus).

Será isso em César sinal de ambição?
Quando os pobres choravam, César soluçava.
A ambição deveria ser feita de um material mais duro.
No entanto Brutus diz que ele era ambicioso
E Brutus é um homem honrado.
Todos vocês puderam observar isso nas Lupercais
(festa da purificação e da fertilização)
Por três vezes eu lhe ofereci a coroa de rei,
Que ele por três vezes recusou:
Isto lhes parece ser ambição?
No entanto Brutus diz que ele era ambicioso.
E é certo que Brutus é um homem honrado.
Eu falo não para desaprovar o que Brutus disse,
Mas aqui estou para falar do que sei.
Vocês todos o amaram um dia, e não sem motivo.
Qual o motivo que os impede de franteá-lo agora?

(Nesse momento Marco Antônio faz uma pausa emocionada e estratégica, e os cidadãos romanos começam a ter dúvidas se César era mesmo tão ambicioso assim. Ele segue dizendo que se continuar falando irá instigar os cidadãos contra Brutus e Cássio — conspiradores e assassinos —, e isso ele não queria, pois eles eram homens honrados etc., etc., etc. Ele continua dizendo que preferia que a raiva do povo recaísse sobre o morto e até sobre ele mesmo. Mas o golpe de misericórdia ele dá quando diz ter encontrado o testamento de César, que obviamente não ousava revelar, pois, se fizesse isso, *"eles iriam desejar beijar os ferimentos de César, molhar os seus lenços no seu sangue e pegar uma mecha do seu cabelo para guardar de recordação, e ao morrer deixar isso em seu testamento como se fosse um rico tesouro"*. Ele segue fazendo pausas para sentir a reação do povo e sempre dizendo que não queria provocar o que na verdade estava provocando. A cena termina com o povo comovido e revoltado contra os assassinos do grande César.)

Por que citar esse trecho de um autor tão antigo que se refere a um episódio ainda mais antigo? Porque a essência da humanidade não muda, ou pelo menos não mudou até agora. As emoções humanas, os estímulos aos quais elas reagem ainda são exatamente os mesmos. Por isso, e só por isso, Shakespeare e outros autores e desenhistas da alma humana de milênios atrás são encenados, lidos e ainda nos comovem. Comovem-nos porque nos identificamos com eles, com as situações e dramas que descrevem e que ainda são relevantes para nós nos dias atuais. Shakespeare sabia das coisas e, com um raro senso de percepção da psicologia humana, ele nos mostra que uma das maneiras mais eficientes de convencer alguém é pela via negativa, não afirmando ou atacando diretamente, mas 'negaceando', concordando (aparentemente) com o oponente para aos poucos ir torcendo o parafuso, até pregá-lo de forma irreversível. O Marco Antônio de Shakespeare em momento algum falou mal de Brutus; isso teria sido um erro fatal. Em momento algum falou em assassinato, traição, covardia, ingratidão; estas seriam certamente as palavras que estariam na minha boca naquela hora, fosse eu amigo de César. Ao contrário, o tempo todo manteve o refrão "e Brutus é um homem honrado". Ele não destruiu diretamente a imagem dos oponentes, e sim se preocupou antes em reconstruir a imagem do morto. Ora, se ao fim ele reabilita o prestígio de César, quem o matou cometeu no mínimo um erro, e no máximo...

Existe coisa mais nobre do que falar bem de alguém que já se foi? Quantas vezes podemos observar os grandes sedutores usando essa técnica? Quantas vezes alguém lhe disse que ainda estava "lambendo as feridas de um relacionamento que acabou de acabar, e que por isso não queria se envolver de forma séria, por enquanto..."? Isso faz com que qualquer defesa por parte do outro baixe imediatamente. Para romper resistências podemos sempre ocultar e até negar o que realmente desejamos para em seguida voltarmos à carga de forma sinuosa, coleante como uma serpente nas areias do deserto.

Uma historinha que ouvi quando da minha frustrada tentativa de ser vendedor de livros em vez de escrevê-los ilustra bem isso. Um dos campeões de vendas de enciclopédias da empresa chamava-se Isaac. Um dia, numa palestra de como quebrar as resistências dos clientes, ele nos contou borada, as palavras, escolhidas meticulosamente como peças de uma jóia, os adjetivos, pescados e selecionados como pérolas para um colar. Um texto escrito é realmente uma 'peça', um artefato, e pode causar grande impacto, pois pode ser lido, relido várias vezes, acompanhando o leitor em seus diversos estados de espírito.

Se esse texto é uma poesia, se essa poesia faz um apelo rítmico ao coração, se exalta as virtudes da amada, a profundidade do amor do poeta ou do remetente... aí é 'fatal'. Muitos de vocês devem se lembrar da peça *Cyrano de Bergerac*, do francês Edmond Rostand (1868-1918). Cyrano (que existiu na vida real) era um grande poeta, mas muito feio. Tinha um nariz enorme e se apaixonou por uma linda donzela. Por medo de ser repudiado devido ao seu *naso* avantajado, contratou um amigo bem-apessoado para declamar seus poemas à amada. A moça se apaixonou pelo amigo, não por sua beleza, mas pelo encantamento da poesia de Cyrano. E, então, como fazer a transposição, já que o amigo também parecia estar gostando da donzela? Estava formado o qüiproquó do enredo. O que havia conquistado a moça? A poesia do narigudo, embalado numa aparência esteticamente aceitável, ou a ilusão da combinação perfeita, a bela carcaça de um jovem provido de inteligência, sensibilidade e poesia?

O Poder da Palavra Escrita. Dos Trovadores à Internet

Os antigos trovadores medievais eram os sedutores da palavra. Ter a maestria de escolher e ritmar palavras e frases para exaltar ou 'maldizer' era uma arte refinada que unia nobres e plebeus nas chamadas 'cantigas de maldizer' ou 'cantigas de amor', grande parte feita para ser musicada.

No caso das 'cantigas de amor', os alvos eram as donzelas, as musas distantes, casadas ou solteiras, que se derretiam ao som das palavras tão doces e inebriantes. O rei Dom Afonso, soberano espanhol de Leão e Castela, era um desses trovadores inspirados, que escreveu para a amada essa peça de grande poder de fogo. Para melhor entendimento dos leitores modernos, vai uma 'tradução' entre parênteses:

1. *Par Deus, senhor* (refere-se a uma mulher, podia ser no masculino mesmo),
2. *Enquant'eu for*
3. *De vós tan alongado* (distante)
4. *Nunca em maior*
5. *Coita d'amor* (dor de amor)
6. *Nen atan coitado*
7. *Foi eno* (houve no) *mundo*
8. *Por as senhor* (por sua senhora)
9. *Homem que fosse nada* (nascido)
10. *Penado, penado* (sofrido, sofrido).

Apesar de ter sido escrito por volta de 1260, em galego-português, podemos entendê-lo dizer (com um pouco de boa vontade) para a sua amada que está sofrendo que nem a mãe do porco-espinho por estar distante dela (alongado), como nenhum homem até hoje já sofreu.

Que mulher não se desmancha ao ouvir tal discurso, poético ou não? Imagine ainda se ele manda um menestrel cantar isso tocando alaúde para ela?

que resolvera visitar um escritório de advocacia do qual lhe haviam falado. Logo na entrada, a recepcionista lhe perguntou com quem desejava falar e qual era o assunto. Disse o nome do chefão, e sobre o assunto revelou apenas que era 'do interesse dele'. Ela interfonou para o patrão, que, depois de uma espera, mandou-o entrar. Logo de cara o sujeito corpulento, de feições fechadas, lhe perguntou à queima-roupa: "Você não é nenhum daqueles desgraçados vendedores de livros, não, é?" "Claro que não!", respondeu meu *ídolo* com indignação. Nesse momento todos nós, jovens aspirantes ao estrelato dos vendedores, prendemos a respiração, tentando imaginar o que ele falaria em seguida. Isaac fez uma pausa, testou a nossa atenção e continuou: "Bem, eu comecei a falar das dificuldades que levam as pessoas a saírem por aí para vender livros, da crise atual do país, das deficiências do sistema educacional e vi que a opinião dele era igual à minha. Na verdade, esperava ele se manifestar primeiro para apenas confirmar suas teses. Nesse momento deixei que ele falasse empolgado sobre a sua longa trajetória em prol da educação. Quando finalmente ele me perguntou a razão da minha visita, disse-lhe que não era nada muito importante e que tinha ido até lá porque havia sido informado da grande cultura e da preocupação dele (e da empresa) com a educação etc. Disse-lhe que eu também estava envolvido numa cruzada pela melhoria da educação do povo e que trabalhava numa instituição que era o símbolo dessa preocupação. Arrematei dizendo que esperava que ele, com toda a influência e cultura que possuía, pudesse me dar sua opinião sobre um *futuro* lançamento da nossa empresa, que ainda não estava à venda, mas, quando estivesse, quem sabe poderia recomendar aos amigos etc.,

etc. Nesse momento abri o portfólio monumental sobre a mesa dele, mostrando o plano da obra, todos os dezesseis volumes, os mapas e tudo mais, sempre guardando os trunfos para o golpe fatal. Quando percebi que ele estava vivamente interessado, olhei o relógio e disse: 'Puxa vida, mil desculpas, estou aqui há quase vinte minutos tomando o seu tempo...' e ameacei fechar o portfólio fartamente ilustrado. Ele segurou a minha mão e disse: 'Continue, você não quer a minha opinião?' Nem é preciso dizer que *lhe fiz o favor* de vender uma enciclopédia completa (sem descontos), e ele ainda me apresentou a vários amigos, e todos compraram. Ouvi quando ele ligou para um deles e disse: 'Não, ele não é vendedor de enciclopédias não.'"

Essa, sem dúvida, é uma das formas mais eficientes de sedução e, quando é feita através da palavra escrita, sem a visualização do sedutor, pode ser devastadora.

Há algum tempo participei de uma conferência sobre assédio sexual via internet. Havia algumas mães, uma jornalista, um delegado de polícia e uma promotora coordenadora de um grupo do Ministério Público especializado em investigar esse tipo de crime. As histórias que ouvi foram impressionantes, todas de assédio virtual, mas com conseqüências reais na vida daquelas pessoas. Uma das mães nos trouxe uma cópia de um dos diálogos que seu filho de doze anos travou com um assediador. Vou reproduzi-lo parcialmente:

Assediador: "Olá, Júnior, o que tem feito de bom?"
Júnior: "Só estudando e jogando no computador."
Assediador: "Aposto que também tem beijado as meninas no colégio."

Júnior: "É, mais ou menos."
Assediador: "Mas você gosta de beijar as meninas, não gosta?"
Júnior: "Claro que gosto. Mas algumas não deixam."
Assediador: "Aí a solução é pegar na marra."
Júnior: "Como assim?"
Assediador: "Tem muitas meninas que gostam de ser agarradas à força. Não tem esse negócio de pedir não, tem que ir com tudo."
Júnior: "Não sei não."
Assediador: "Eu sei, sou um pouco mais velho que você e posso lhe ensinar, se quiser."
Júnior: "Quantos anos você tem mesmo?"
Assediador: "Quinze." (Na verdade, ele tinha quarenta anos.) "Mas sou experiente e tenho um tio que entende tudo dessas coisas." (Aí introduziu o 'tio', que, na verdade, era ele mesmo.) "Você já mostrou o pinto para alguma menina?"
Júnior: "Não. Cê tá ficando louco?"
Assediador: "Por quê? Meu tio disse que elas gostam de ver. Aí que elas decidem se querem ou não. Ah, já sei, você tem um pintinho pequeno, não é?"
Júnior: "Não é nada disso."
Assediador: "Então me mostra; tira uma foto e manda."

O diálogo continua com o assediador cada vez mais insinuante e provocativo, até que ele propõe um encontro 'na casa do tio'. Nesse momento os pais desconfiaram dos longos períodos noturnos do filho no computador e adicionaram um mecanismo para copiar as mensagens. O que descobriram os deixou em pânico. Seu menino de doze anos estava sendo enredado pelo papo gosmento de um homem doente, mas lúcido o suficiente para armar uma arapuca com os requintes de conhecimento da psicologia pré-adolescente. Naturalmente ele tinha recursos argumentativos para quebrar as resistências das crianças com quem falava. A certa altura ele dizia que os pais não entendiam que os filhos estavam crescendo e tinham necessidade de se relacionar com outras pessoas. Usava muito as palavras 'liberdade', 'ser homem', 'aventura', 'coragem', ora estimulando sua vítima, ora desafiando-a.

Não sabemos exatamente o que o Assediador pretendia, até onde ele iria, caso sua vítima resolvesse aceitar o convite, mas o assédio já estava configurado.

Ocultos pela virtualidade da comunicação, os tarados da internet compõem um universo dos mais diversificados. Vão desde quadrilhas organizadas que aplicam golpes sexuais ou financeiros, até simples lobos solitários que se comprazem em viver suas fantasias mais ou menos bizarras, sem nunca saírem do armário virtual. A internet, assim como o nosso vasto mundão, é um território fértil para o surgimento de todo tipo de bizarrice, de desvio e de crime. Sem a necessidade de mostrar a cara, muitos 'doentes' emocionais saem da sua caverna e se sentem estimulados a apenas, usando as palavras em seu estado puro, colocar para fora seus abismos. Outro diálogo apresentado na reunião foi entre uma adolescente e um assediador.

Ele dizia ter a mesma idade dela e prometia ajudá-la na crise de relacionamento com os pais:

Assediador: "Você está mais animada hoje?"
Vítima: "Estou uma bosta. Minha vontade é sair pela porta e sumir no mundo."
Assediador: "Calma, os pais são assim mesmo, os meus também me dão no saco. Mas isso passa. Uma vez eu dei 'um perdido' e fiquei três dias fora de casa. Quando voltei, eles ficaram mansinhos."
Vítima: "O problema é que eu não tenho para onde ir, nem tenho dinheiro para sair por aí."
Assediador: "Isso não é problema, eu te ajudo. O problema é que você talvez não tenha coragem de segurar essa barra. Sinto que você ainda é muito patricinha."
Vítima: "Você está muito enganado. Já pensei até em me matar, tomando o vidro de remédio da minha madrasta."
Assediador: "Tá vendo? Pensou, mas não fez. Quem não toma atitude merece ser pisado. Depois não pode reclamar. Você não sabe que os pais sacam as nossas fraquezas? Eles sabem bem com quem estão lidando, por isso sacaneiam tanto. Sabem que você não vai ter coragem para reagir."
Vítima: "Mas o que eu posso fazer? Só tenho quinze anos, não trabalho, não sei fazer porcaria nenhuma."
Assediador: "Eu já te disse, se quiser, posso ajudar..."

Os pais descobriram a tempo o enredo que estava se armando, o que lhes serviu de alerta para o seu próprio comportamento com a filha. O susto foi providencial nesse caso e o pior pôde ser evitado. Mas muitas vítimas não são socorridas a tempo. Em todo o mundo há casos de meninas seqüestradas pelas pessoas com quem mantinham correspondência via internet e mantidas como escravas sexuais e até assassinadas. A mesma coisa que era feita no mundo físico com o constrangimento de uma arma agora é feita no mundo virtual usando-se apenas as palavras. Segundo Erich Fromm, em seu maravilhoso e atual *A Arte de Amar*, a busca de reunir-se ao que foi separado no ato do nascimento (tanto do indivíduo quanto da humanidade) é um dos maiores motivos de busca e de peregrinação do ser humano: "A mais profunda necessidade do homem, assim, é a necessidade de superar a sua separação, de deixar a prisão em que está só. A falência absoluta em alcançar esse alvo significa loucura, porque o pânico do isolamento completo só pode ser ultrapassado por um afastamento do mundo exterior..."*

Ele nos fala desse sentimento de que algo se rasgou duplamente: ao abandonarmos os limites seguros e 'palpáveis' do ventre materno e quando fomos 'expulsos do paraíso, onde éramos *assim* com Ele'.

A busca de *re*ligações via internet, onde estranhos se tornam 'íntimos' em poucas tecladas, não deveria assustar, faz parte. Quem 'bolou' a internet (quem bolou os correios, o telégrafo, o telefone, o rádio e a tevê) estava a serviço dessa ânsia desesperada do ser de se *re*unir ao que foi separado, de fazer quanto mais links possíveis entre si e diminuir a sensação incômoda ou trágica de ter sido rasgado de sua matriz e atirado no vácuo indistinto. Nessa busca do Graal existencial podemos cair em armadilhas às vezes fatais, como as moscas que, eufóricas pela sua liberdade de voar, caem nas teias da aranha da esquina.

Recentemente (2007) uma mulher de quarenta e três anos foi encontrada morta depois de três dias desaparecida.

---

* *A Arte de Amar*, Erich Fromm, Itatiaia, 4ª ed., 1965.

Ela estava enterrada numa cova rasa nos fundos de uma casa. Sua filha descobriu os arquivos dos diálogos que ela manteve com um internauta misterioso. Ali a polícia viu que depois de uma semana de relacionamento virtual ela e o tal 'amigo' resolveram se encontrar. Ele era menor de idade e levou mais dois comparsas ao encontro que resultou na morte dela.

Um conhecido supertímido usa a internet para exercitar o seu romantismo 'fora de moda' sem medo de ser ridicularizado. Ele se sente seguro, pois pode desligar as pessoas assim que dão pistas de poder feri-lo na sua sensibilidade. Esse é um grande poder. Ao mesmo tempo descobriu que existem enormes contingentes de mulheres carentes como ele, românticas como ele, talvez antiquadas e mal adaptadas como ele, à espera dos seus poemas encharcados de romantismo do século XIX e de lugares-comuns.

Ele não deseja tornar reais esses encontros virtuais, pois teme a rejeição de sua figura física e da sua falta de traquejo com os relacionamentos. Contenta-se em viver em dois mundos: o da tela do computador e o da sua imaginação. Mas há os que usam essa mesma máscara, essa fantasia de cordeiro, apenas para quebrar as defesas naturais de suas futuras vítimas. Há argumento mais solerte do que se fazer passar por adolescente e ainda por cima dizer que está confuso acerca de sua opção sexual?

Pois foi assim que uma jovem de São Paulo foi encontrar o seu horror. Ela começou a bater papo com alguém cujo *nick* (apelido usado nos chats pelos participantes) era *Victor* ou *Victória*. Em pouco tempo ele se mostrou muito educado, mas cheio de angústias e de dúvidas. Apelou para o instinto de psicóloga que habilmente detectou nela. Disse-lhe que sofria demais e se sentia muito sozinho não tendo com quem partilhar essa sua confusão, pois não sabia bem o que queria da sua vida sexual e sentimental, se eram os meninos ou as meninas. Ela o achou totalmente inofensivo, pois até se recusou algumas vezes a encontrá-la dizendo que tinha medo. "Medo de mim?", perguntou a moça, sentindo-se senhora da situação. "É. Você parece ser tão segura de si, tão certa do que quer, e eu perdido desse jeito. Tenho medo de me sentir um grão de areia na sua presença."

Estava jogada a isca. A jovem sentiu que era uma questão de honra ajudar aquele pobre menino, desorientado, provavelmente sem apoio dos pais etc., etc. Finalmente ele 'concordou' em ir ao encontro. Para surpresa dela, em vez do menino apareceu um homem maduro, que lhe convenceu ser o pai do menino que estava doente e havia pedido que ele fosse ao seu encontro, para levá-la até a sua casa, de onde não podia sair. Mesmo vacilando, ela acabou indo, pois se lembrou de que o rapaz realmente lhe havia dito que não estava bem. Na casa do sujeito ela aceitou um suco de frutas, e depois, quando acordou, já havia sido estuprada e se encontrava num cômodo escuro, presa pelo pé a uma corrente, cheia de marcas pelo corpo e com forte dor na região genital. Nos dias que se seguiram ela foi obrigada a fazer sexo com o sujeito, enquanto era filmada e fotografada. Sua foto correu o mundo pela rede mundial de computadores, e apenas por um milagre conseguiu se livrar dessa situação.

Dez

O Jogo do "Me Engana que Eu te Engano"

Para muitos a internet é vivida como um jogo. Nas salas de bate-papo ou sites de relacionamento, você finge ser aquilo que não é, o outro finge que acredita e lhe manda de volta também um personagem ficcional. Recentemente uma cliente me trouxe algumas páginas impressas com a sua troca de e-mails com seu namorado virtual. Convivo com ela há cerca de dois anos e sei que luta contra (às vezes, a favor) uma neurose das brabas com surtos de irascibilidade, acendendo um cigarro no outro de forma compulsiva. Além disso, é capaz de atos de crueldade quando se sente ameaçada (segundo seu depoimento, tacou fogo no rabo do gato da vizinha que fez caca na porta dela).

Um dos textos que ela me trouxe toda vaidosa dizia mais ou menos assim:

"Minha pequena deusa do amor. Escrevo agora de madrugada, pois não consigo dormir pensando em tudo aquilo que você me disse sobre o sentido da vida e a realidade do verdadeiro amor. Cada vez mais admiro a sua alma luminosa, seu espírito puro, sua sensibilidade de menina, apesar de tudo que imagino que já passou. Como gostaria de estar ao seu lado agora, para velar seu sono enquanto dorme, a fim de que pudesse dormir sem medos, sentindo-se segura e amada. Sei que a vida não tem sido fácil para você, e até me sinto culpado por ter tido sempre tantas facilidades e ter sido sempre tão protegido. Mas você é uma verdadeira rainha, uma rainha guerreira, que não perdeu a suavidade, não perdeu o encanto, apesar das 'bruxas e dos bruxos maus' que tentaram corrompê-la e magoá-la. Foi bom você não ter me mandado o seu retrato, pois posso imaginá-la da forma que quiser, e sei que um ser tão especial como você deve ser enxergado com os olhos do coração e não com os olhos de ver as coisas comuns. Sua doçura e sua meiguice me inspiram e me estimulam a seguir em frente, sabendo que, se for dos desígnios de Deus, nos encontraremos e, quem sabe, nunca mais nossas vidas seguirão rumos diferentes..."

Olhei para o texto e fiquei imaginando se ela acreditava mesmo que era tudo aquilo e, mais ainda, se ela acreditava na verdade daquelas palavras. Nesse momento pensei: "Quem estava enganando quem?" E depois concluí para mim mesmo: "E isso importa? Chumbo trocado não dói." Naturalmente entrei na *brincadeira* e elogiei a sensibilidade do *poeta* e a força da musa inspiradora.

Annie Besant, uma ocultista inglesa do século XIX, dizia que "cinqüenta por cento dos males do mundo se devem às palavras vãs". Não sei sobre a precisão de percentual e nem de onde ela tirou esse cálculo, mas concordo inteiramente com ela sobre a desgraça que são as palavras vãs, essas balas perdidas cheias de venenos da incúria, da insinceridade, do logro, do golpe, do '171'.

Desde a Antiguidade, os filósofos e as mentes críticas manifestaram o seu repúdio pela forma leviana com que muitos manipulam as palavras. Essa é uma discussão interminável que me parece muito com a polêmica que recentemente houve no Brasil por ocasião do referendo sobre a proibição das armas de fogo. Quem era a favor da proibição ostentava as estatísticas de crimes cometidos por armas de fogo. Quem era contra a proibição argumentava que quem matava e feria não eram as armas, objetos inertes, e sim os que apertavam o gatilho. A censura e qualquer tipo de coibição ao direito de expressão me parecem com as tentativas de controlar as conseqüências, já que o controle das causas é impossível. As guerras pré-pólvora mataram e feriram muito mais gente que as movidas a trabucos e companhia.

Recentemente, num show ao vivo com uma estrela da música brasileira, vi bem o que aconteceria se algum semideus senil resolvesse proibir as manifestações verbais das línguas ferinas. A cantora famosa fez um discurso sobre a sua carreira, dizendo num acesso de sinceridade deslocada que é verdade, sim, essa história de os artistas ganharem muito dinheiro e viverem uma vida de nababo. Alguns rapazes irados (não sei por quê) estenderam o dedo médio para o alto num gesto que creio ter um significado reconhecido (quase) internacionalmente e a xingaram de prostituta. No fundo, estamos sempre falando de linguagens e não de línguas. Se ao Assediador/Sedutor fosse retirada a possibilidade das palavras, ele certamente usaria a linguagem pré-verbal, sinais, ilustrações ou alguma coisa que ainda não foi inventada. (Ver o próximo capítulo, O Assédio sem Palavras.)

A internet não é o caldeirão do Juízo Final, nem poderia ser — ela (acredito ser feminina por se tratar da rede) foi criada por humanos para uso humano e guardará por isso as baixezas e as grandezas humanas, a mediocridade, a perversão, a generosidade e a compaixão, o talento e a sordidez.

Apesar de nada haver de realmente novo sob o sol, temos de tomar cuidado com tudo que viceja nas sombras, que corre em rios subterrâneos e pode mirar na inocência. Todos nós podemos cair numa cantada bem armada ou num esquema profissional elaborado em todos os detalhes para nos ferrar, mas as crianças são aquelas para quem a sedução é mais cruel e covarde.

Freud disse que apenas as crianças podem alegar legitimamente ter sido 'seduzidas' ou induzidas a cometer erros por outrem. Embora eu não concorde inteiramente com ele (no que diz respeito à 'culpabilidade' das vítimas-adultos), é lógico que qualquer processo envolvendo crianças deve receber o nosso absoluto repúdio. Talvez em algumas situações-limite a orientação parental em relação a essas ameaças, sejam elas via internet ou oriundas do mundo real, não seja suficientemente eficaz. Mesmo com conversas, explicações e cuidados constantes, a criança pode cair vítima de algum assediador. Mas essas são as exceções.

Se os assediadores/sedutores podem tecer uma rede de palavras para enredar seu filho, você pode usar também as palavras como uma ferramenta (uma faca, talvez) para destruí-la. Lembrem-se, uma criança, sem orientação, que escapa apenas por sorte de cair na rede de um assediador/sedutor, pode se tornar um adulto com escassas defesas diante de um mundo cheio de armadilhas. A palavra que serve a propósitos tão baixos, quando usada na 'intoxicação emocional', pode também servir de veículo para a criação de defesas.

O que torna mais difícil e incerta a preparação dos espíritos juvenis para lidar com a sedução, seja ela explícita ou oculta por um oceano virtual, é o treinamento na arte da mentira a que são submetidos desde a infância. Muitos adultos reclamam que seus filhos estão 'mentindo muito' e ficam sinceramente preocupados. Mas eles não se dão conta de que a educação infantil é baseada em mentiras, em faz-de-conta, em ilusionismo e na falsificação da realidade ou 'adequação da realidade à mente e às necessidades infantis'. Assim, se a criança não comer direito, o 'monstro virá pegá-la'; se continuar fazendo birra, "papai do céu vai ficar triste"; e caso insista em bater no irmãozinho vai "ficar de castigo por um ano!". Não estou nem levando em conta os mitos mais tradicionais, como Papai Noel, o Coelhinho da Páscoa, a Cegonha (será que ainda contam isso para as crianças?) e por aí vai.

Não discuto a necessidade de preservar as crianças da realidade que está além do seu alcance de compreensão e muitas vezes além da compreensão de seus próprios pais. É claro que, quando a pergunta envolve uma explicação mais complexa, temos de buscar caminhos simplificadores. Mas estou falando aqui da falsificação pura e simples de realidades puras e simples, por meio de mentiras, de simulações, de sentimentos e de emoções, tenham elas (as simulações) as melhores intenções ou não.

As crianças aprendem a mentir com os pais e, depois, com a sociedade à sua volta, e, dependendo da sua capacidade e das condições ambientais de transcender dessa fase de fantasias, elas podem se tornar um adulto suscetível a ser enganado ou um adulto enganador.

Criar realidades fantasiosas não é apenas atributo de psicóticos ou de mentirosos patológicos, a maioria das pessoas em um momento ou outro produz esses universos paralelos. O problema se transforma em crime quando é consciente e tem por finalidade enganar ou tirar vantagens de algum tipo.

Todos nós podemos ser as vítimas desse comportamento, à medida que ele se sofistica e nos atinge num ponto fraco ou num momento de especial fragilidade. Mas as crianças que cresceram sustentadas por realidades de faz-de-conta ou superprotegidas (com mentiras, é claro) do mundo e de seus perigos vão estar muito mais suscetíveis a esse tipo de predador, o Assediador/Sedutor, ou então numa virada de mesa poderão se tornar aquelas que tentarão nos vender o Pão de Açúcar ou nos convencerão de que são herdeiras do czar Nicolau da Rússia (e que obviamente têm direito à sua herança milionária).

Há alguns anos um cantor satírico disse que tinha saudades da ditadura e da gonorréia, comparando com os escândalos de corrupção do então governo e com a devastação da AIDS. Lembrei-me disso por causa da frase que ouvi um dia: "Calma, as coisas sempre podem piorar." Lembrei-me também de uma amiga, toda *new age*, que perdeu um carro no golpe do bilhete premiado. Um senhor vestido com bastante simplicidade abordou-a com um forte sotaque caipira, dizendo que estava assustado, pois havia ganho na loteria e temia ser assaltado, pois vinha da roça e estava apavorado na cidade grande. Mostrou a ela o bilhete e o resultado oficial da loteria, confirmando o prêmio, e pediu que guardasse o seu bilhete premiado enquanto voltava para a sua cidadezinha. Seu plano era buscar a filha 'estudada' para ajudá-lo a receber o prêmio e investir o dinheiro. A minha amiga zen concordou em ajudar o pobre homem em troca de uma boa recompensa pela ajuda (segundo ela, esse não foi o fator que a seduziu e sim poder ajudar uma pessoa necessitada). Mas (sempre há um *mas* nessas histórias) ele precisava de uma garantia, coisa pouca, porque, afinal de contas, estava deixando com ela um bilhete premiado de mais de um milhão de reais! Querem saber o resumo da ópera? Ela, desesperada, sem saber de onde tirar o dinheiro, foi na primeira revenda de carros que encontrou e vendeu o carro, por setenta por cento de seu valor, e entregou o dinheiro ao coitado do velhinho. Trocaram endereços e telefones, e marcaram de se encontrar dentro de três dias. Naturalmente esse encontro nunca aconteceu, e ela (já com o auxílio do marido enfurecido) descobriu que o bilhete era fajuto (ou de um concurso passado). Quando foram à polícia, o delegado deu-lhe uma bronca e disse que pelo menos metade da culpa lhe era devida, pois só havia caído na arapuca porque achara que podia levar alguma vantagem com a 'ingenuidade do humilde velhinho'.

Hoje esses artistas da sedução criminosa estão em franca decadência. Para que mostrar a cara, se há a internet e o celular? Há várias quadrilhas que aplicam o golpe do carro zero (direto da fábrica, da cota dos diretores) por um preço excepcional. Toda a transação é feita via celular e fax (a nota fiscal do veículo é mandada por fax), mas o carro não existe. Não há rostos, não se deixam pegadas, só lamentações de um lado e risos do outro.

A internet provê oportunidades fantásticas para a solidariedade, para a congregação de pessoas do mundo todo em torno de boas e meritosas causas, mas também oferece a obscuridade ideal para os que vivem de golpes profissionais ou amadores. É o sonho da invisibilidade de muitas pessoas que optaram por viver à sombra ou à margem da lei.

Não é mais necessário ter a coragem daquele velho meliante solitário de ir à caça apenas com a cara e a malandragem obtidas ao longo de anos de golpes. Os incautos são os de sempre, agora aumentados num universo praticamente infindável, com a boca aberta esperando pelo anzol do pescador ou pelo arrastão internacional.

Recentemente a tevê mostrou o caso de um rapaz que escolhia as suas vítimas femininas em salas de bate-papo na internet. O roteiro era mais ou menos fixo, mas, como tinha pressa de aplicar o seu golpe (na verdade, as vítimas também tinham pressa em conhecer o seu 'príncipe encantado'), ele logo marcava um encontro.

Sabendo exatamente o que as suas presas desejavam, ele fazia o jogo das cartas marcadas. Para elas, ele era um executivo batalhador que trabalhava muito e por isso mesmo se sentia muito só e carente de amor e compreensão.

Dependendo das suas necessidades de dinheiro, o golpe podia demorar um pouco ou ser aplicado logo no início. Após uma relação sexual sofrível, ele simulava um mal-estar, uma tristeza profunda, e pedia para ser deixado só. As parceiras logo se apressavam em saber o que estava acontecendo. Ficavam em pânico só de pensar que ele estivesse 'desgostando' delas.

Quando muito a 'contragosto' dizia que o problema não era com elas, a quem amava mais do que deveria, e sim com os negócios dele, elas suspiravam aliviadas. A maioria logo se propunha a ajudá-lo a pagar a dívida do irmão de quem tinha sido fiador, e por causa disso ia perder o seu apartamento (para onde, quem sabe, poderiam ir depois que se casassem).

Quando não tinham dinheiro vivo, ele as estimulava a pegar empréstimos no banco que logo saudaria. Ele se mudou para o apartamento de uma dessas mulheres e em poucos dias aproveitou-se da sua ausência, contratou um caminhão de mudança e levou tudo, até as lâmpadas. Imagine só a reação dela ao voltar para casa e ver que tudo havia desaparecido.

Mas cair na conversa desses psicopatas não é privilégio das mulheres. Esse mesmo sujeito fez 'sociedade' com outros homens e, sem colocar um tostão, montaram empresas de computação. Um dia depois de terem chegado os computadores, ele fazia a mudança, em geral de noite.

Cair nessa sedução não é um atributo de gênero sexual, basta o assediador oferecer a isca certa. A maioria das vítimas dos falsos vendedores de carros via internet são homens. E por quê? Porque a isca é o seu objeto do desejo (carro) e por um preço muito abaixo do mercado (vantagem). Se a mulher é seduzida pela perspectiva do príncipe encantado, o homem é seduzido pela perspectiva do pote de ouro (a preço de prata).

Eu mesmo estive tentado a cair numa armadilha dessas quando recebi um e-mail de um filho 'de um ex-general africano' deposto. Ele estava procurando pessoas idôneas para receber um depósito substancial em dólares e guardar esse dinheiro longe das garras do governo golpista. É claro que eu receberia uma boa comissão por ser o guardador desse tesouro. Não resisti à tentação e respondi ao 'filho do general'. Minha curiosidade estava aguçada, precisava saber como era o golpe, em que momento eu precisaria fazer algum depósito de garantia. Ele respondeu que eu não precisava pagar absolutamente nada, apenas teria de viajar até um país europeu para receber os fundos e depois manter esse dinheiro na minha conta no Brasil. Fiquei mais curioso ainda. Conversei com amigos mais experientes e todos foram unânimes em dizer para eu cair fora, que era um golpe. "Que é um golpe eu sei, mas como ele se processa? Qual é a pegadinha? Em que momento se dá a fisgada, e qual é a fisgada?" Meus amigos da polícia também não souberam responder e interrompi as 'negociações' sem ficar sabendo da mecânica oculta do golpe do 'general africano'.

Não é confortável viver desconfiando de tudo e de todos ou, como diz meu irmão, "não acredito em ninguém, até prova em contrário". Isso é doloroso e, para mim, se fosse obrigado a viver com essa 'filosofia de vida', seria insuportável. Precisamos acreditar nas pessoas, incentivá-las para que sejam mais verdadeiras e que olhem no olho sempre. Mas isso não pode ser empecilho a que estejamos alertas. A maioria das vítimas (adultas) de assédio por sedução, de natureza criminal ou moral, tinham em comum, além de uma ingenuidade inadmissível, um descaso com a sua vida e/ou um desejo de levar alguma vantagem nem sempre lícita ou ética. É sobre essa base que os assediadores constroem seus esquemas.

Talvez seja certo acreditar que as vítimas preferenciais de qualquer tipo de assédio por sedução tenham sido antes aquelas dotadas de uma educação baseada na mentira e na falsificação. Talvez tenham sido sabotadas na construção da sua capacidade crítica e se tornado infantilizadas. Entre não confiar em ninguém e confiar em qualquer coisa que lhe seja apresentado numa embalagem mais ou menos aceitável vai uma grande diferença. Assim, voltando ao título do capítulo, a coisa toda acaba sendo um *jogo do me engana que eu te engano*, com a diferença de que, de um lado, estará um jogador amador e, de outro, um profissional. Dá para adivinhar o resultado?

Onze

O Assédio sem Palavras

Há poucos dias uma amiga me contou que o ônibus em que se encontrava havia sido assaltado. Eram dois rapazes que em momento algum mostraram suas armas, e também pouco falaram, senão o suficiente para levar terror aos passageiros e alcançar seus objetivos. Condicionados pela violência da criminalidade, aqueles rapazes sabiam bem como se comportar, e nada mais explícito se fazia necessário para completar aquela comunicação. As armas dos bandidos eram o medo que estava implantado profundamente no coração e na mente dos passageiros. Apesar de o elemento primário do assédio por sedução serem as palavras, na verdade estamos tratando de uma linguagem, de uma forma de comunicação que vai além das palavras, ou seja, antecedem-nas e sucedem-nas.

 Pode parecer uma contradição num livro sobre assédio por sedução, em que o uso da palavra é o combustível básico, haver um capítulo sobre o comportamento não-verbal. Mas antes mesmo de as palavras existirem como veículo e combustível das relações interpessoais, essas relações já eram mediadas por linguagens pré-verbais.

Quando vamos em busca de uma abordagem mais abrangente do assédio, não podemos deixar de detectar as inúmeras fórmulas de enredamento que acontecem, mesmo na ausência das palavras ou servindo de forte apoio a essas.

Quando falei anteriormente sobre os assediadores profissionais, veio-me à mente o caso também já relatado do 'Dr. Fernando' ou 'Major Camargo', algumas das *personas* usadas por esse criminoso para golpear suas vítimas femininas. Quando foi preso, várias mulheres foram prestar queixa e reconhecê-lo na delegacia (embora esse número fosse estimado pelas autoridades como sendo menos da metade das suas vítimas). Para algumas ele se apresentou como advogado, para outras como major da Marinha, sempre trajando o uniforme garboso e impecável. O golpista usava e abusava da linguagem pré-verbal, mas nem por isso menos carregada de fortes significados. A farda ou o terno bem cortado, agregado ao título de doutor, e uma *mise-en-scène* cheia de firulas são poderosos ingredientes de sedução para algumas pessoas, que a relacionam à autoridade, ao sucesso e à importância social.

Muitas vezes o Assediador usa e abusa desses símbolos de poder e status para seduzir um tipo de vítima justamente *encantável* por esses fatores. Tudo é feito obedecendo a uma estratégia bem-definida, ou, como dizia a minha mãe, 'de caso pensado'. Constitui assédio justamente porque essa *persona* é montada como um enredo que, apesar de ser uma peça de ficção, é vendido como verdadeiro.

Quando um militar ou um executivo usa as suas 'cascas' para compor um enredo de sedução, não se pode considerar como um assédio 'criminoso', pois esses atributos de status fazem parte de suas rotinas profissionais, eles são reais. Mas, dependendo do uso que esses profissionais venham a fazer de suas vestimentas ou de seus cargos, poderá, sim, haver uma deturpação e se configurar em assédio pelo uso de atributos não-verbais.

Nas empresas é muito comum os chefes usarem o poder dos seus cargos para assediar subordinados, mesmo que não usem explicitamente o discurso sedutor para esse fim. Sorrisos, 'cara feia', silêncios, olhares carregados de significados, um menear de cabeça, gestos (de aprovação ou de reprovação), enfim, os poderosos podem lançar mão de comunicação não-verbal (não comprometedora) para seduzir e enredar.

Há um verdadeiro arsenal de defesas que podemos criar para nos defender ou detectar o processo de sedução por palavras, mas como proceder quando as palavras nem mesmo são usadas? Conheço pessoas com pouquíssima cultura que passam uma imagem de 'inteligentes' e sofisticadas, apenas usando gestos estratégicos não-verbais em suas comunicações. Usam o silêncio e um leve sorriso para reforçar as idéias defendidas pelos seus interlocutores. Como lidar com esses verdadeiros artistas da sedução, que usam a 'mímica' para passar mensagens sem uma assinatura simplesmente porque não foram 'escritas'? Essa é uma faceta desafiadora do universo dos assediadores. Para compreender melhor a mente dos atores e atrizes desse drama, temos de observar com atenção alguns desses principais mecanismos, como, por exemplo, a hipnose.

Doze

Você Está Hipnotizaaado...

Para a maioria das pessoas, hipnose é aquilo que elas vêem nos auditórios dos programas populares de tevê. Mas os especialistas afirmam que esse conceito está longe de ser verdadeiro.

Os mais modernos estudos sobre a hipnose consideram que existem graus variados em que a experiência hipnótica se dá. Essas gradações podem ir das simples alterações do estado de consciência até os transes hipnóticos mais profundos, em que o sujeito come uma cebola achando que é uma maçã apenas porque o hipnotizador lhe assegurou que assim era.

Modernamente se diz que: "Como qualquer emoção, a Hipnose, que é *emoção qualquer*, poderá se apresentar em três graus: leve, médio e profundo."* Sabendo disso, podemos avançar mais um pouco. Os mesmos autores, citados no rodapé, nos dizem que "todo indivíduo em estado emocional profundo (tranqüilidade, felicidade, medo) apresenta

---

* *Cibernética dos Estados Emocionais (hipnose moderna)*. Lamartine de Hollanda Junior e Anatol Milechnin. Editora Pensamento, São Paulo, p. 19.

regressão dos padrões psicossomáticos de reação...", significando que uma pessoa (dependendo também do limiar de sugestionabilidade dela) submetida a um processo de influência hipnótica irá regredir, assim como completam: "Por isso, tanto o hipnotizado como uma criança ou participante de uma multidão têm a sua sugestionabilidade aumentada, uma facilidade de reações bruscas, manifestações de reações somáticas por ação psicológica etc."*
Segundo esses autores, mesmo sem sabermos, estamos fazendo hipnose diariamente. Eles finalizam dizendo que existem duas fórmulas para se obter esse efeito no outro: a *via negativa ou paterna*, que é quando o estímulo sai em forma de um comando autoritário, do tipo "eu quero que você fique calado AGORA!". Nesse caso, desde a inflexão de voz, como o tom e as palavras escolhidas, estaremos a serviço da ordem, do comando, da voz do pai mandão. A outra é a fórmula *positiva ou materna*, mas deixemos que os próprios autores nos expliquem: "O estado emocional hipnótico positivo, em seu aspecto mais elementar e puro, é o estado emocional que uma criança experimenta ao receber as carícias maternas no momento em que delas necessita."**

Assim, podemos identificar essas duas fórmulas na base da maioria dos assédios e que explicam fenômenos tão estranhos aos olhos racionais. Podemos entender como a psicóloga experiente caiu nas garras de um assediador medíocre e ficou completamente refém dele, mesmo sendo maltratada. Certamente ele alternou estímulos hipnóticos

---

* Idem, p. 19.
** Ibidem, p. 179.

emocionais negativos (paternos) e positivos (maternos) num jogo diabólico, levando o emocional dela a uma montanha-russa de emoções infantis. Nas mãos do hábil hipnotizador ela imediatamente regredia ao estado infantil quando ele, no papel do pai autoritário, lhe fazia uma crítica devastadora e provocava seu choro compulsivo. Já "hipnotizada", ele completava o seu domínio abraçando-a, pedindo desculpas, dizendo palavras de carinho e aceitação, exatamente como o faria uma mãe afetuosa diante de uma filha sofrendo.

O caráter hipnótico da maioria dos processos de sedução é inegável e explica as incompreensíveis situações quando vistas com os olhos da razão mais simplória. Da mesma forma que o hipnotizador de auditório só seleciona para subir ao palco as pessoas que não conseguiram descruzar os dedos (do teste de sugestionabilidade inicial), os sedutores acabam selecionando pessoas prontas para serem "hipnotizadas". Isso pode significar alguém com um histórico de pai autoritário, mas que ele admira, ou com uma ausência de uma mãe afetuosa, lacuna que ele irá preencher com os estímulos adequados. Mas apesar de a programação hipnótica funcionar numa área basicamente emocional, em que a razão é estrangeira, há um consenso entre os hipnotizadores de que não é possível hipnotizar alguém e obrigá-lo a fazer algo que lhe seja frontalmente aversivo ou que não queira. Por isso, para um "bom resultado", o Assediador/Hipnotizador precisa, além de modular a voz, dos gestos, de calibrar o olhar, de colocar as palavras certas, driblar as defesas da "vítima", para conseguir aquilo que deseja obter dela.

O Dr. Ralph V. August, em seu trabalho *Hypnosys in Obstetrics* (citado pelo Dr. Lamartine Hollanda), diz: "Para a hipnose, o significado das palavras é muito mais importante que o som. A comunicação verbal significa muito mais que meras palavras separadas por intervalos de silêncio."

Assim, faz parte da competência dos assediadores formatar o seu discurso hipnótico/sedutor de maneira que a vítima aceite e não bloqueie os comandos que ele ou ela está lhe passando. É por isso que, antes de o hipnotizador oferecer uma cebola para o sujeito hipnotizado comer, como se fosse uma deliciosa maçã, ele pergunta: "Você gosta de maçã, não gosta? Se eu lhe der uma suculenta maçã agora, você a comerá?" Com duas respostas "sim" as portas para a implantação de um programa sensorial diferente do registrado pela experiência daquele indivíduo estarão abertas e ele comerá a cebola sentindo de verdade o gosto de maçã.

Essa talvez seja a melhor explicação para tantas situações absurdas em que casais vivem num constante carrossel de emoções, entre o amor e o ódio, entre a separação e a paixão, e apresentando comportamentos muito assemelhados aos de crianças desprovidas da razão. Isso explica também a facilidade com que os líderes carismáticos conseguem manipular as multidões com tanta facilidade.

O Dr. Lamartine diz: "... A multidão constitui um terreno fertilíssimo tanto para o contágio de emoções quanto para a intensificação emocional por influência recíproca. Já se disse que uma psique coletiva é uma psique em estado hipnótico." Por isso Hitler conseguiu fazer regredir a mente do povo alemão a um estágio infantil/perverso, e os grandes líderes espirituais conseguem efeitos fantásticos nas igrejas e templos lotados. Muitas seduções individuais começaram coletivamente, numa sessão de hipnose grupal, seja num recinto religioso, seja diante de um palco onde músicos hipnotizam a sua audiência.

O próprio Jung já disse muito sabiamente: "Cinco pessoas reunidas formam uma só 'cabeça-de-bagre'." As pesquisas, tanto na psicologia quanto na hipnose moderna, nos dizem que pessoas movidas por fortes e intensos estímulos emocionais (medo, pânico, ameaças reais ou imaginárias, dor ou iminência da dor) podem apresentar reações fisiológicas e mentais assemelhadas ao que apresentam sob hipnose. Essa reação pode ser vista em pessoas submetidas a estímulos até agora não considerados hipnóticos como já falei e naquelas que se dizem "apaixonadas" ou "seduzidas" de alguma maneira.

Quando um hipnotizador consegue enfiar uma enorme agulha no pescoço de um sujeito em transe hipnótico e não provoca nenhuma reação, ele está obtendo um efeito assemelhado com o de uma pessoa que é espancada (real ou moralmente) e não reage à altura porque o agente da agressão é o seu "amor". Quantas vezes após uma violência real, quando a outra pessoa é ferida profundamente, o agressor consegue uma "analgesia" e um perdão, ao modular a voz, amainar o olhar e repetir muitas vezes (procedimento hipnótico) certas palavras-chave: "Me perdoe, eu te amo, me perdoe, eu te amo, me perdoe, eu te amo..."

Conheço gente inteligente e culta que acabou acreditando ou ficando com sérias dúvidas de tanto ouvir seus parceiros repetirem que a culpa do mau funcionamento da relação ou a responsabilidade pelo espancamento sofrido era deles. Uma executiva de meia-idade, que apanhava do parceiro mais jovem, me confessou estar convencida de que a culpa era dela. De alguma forma ela provocava nele os seus piores instintos. Assim, pedia ajuda para se corrigir fosse lá o que estivesse errado nela, já que com ele estava tudo ok. No fundo ela acabou sendo convencida de que a vítima era o seu companheiro! Para isso acontecer é preciso juntar num mesmo ato algumas variáveis, como já falado. O hipnotizado não realiza tarefas que não deseja ou às quais se opõe de forma consciente. Para o seduzido/hipnotizado aceitar um papel aparentemente absurdo, ilógico, irracional, é preciso que ele tenha um programa antigo já instalado em que essas bases foram montadas.

Aí entramos num outro terreno que os modernos estudiosos da hipnose não entram, que é o da hipnose esotérica, que os iogues chamam de *mekheness*. Esse tipo de programação pode ser feito a distância e, segundo os místicos que a praticam, pode sim distorcer os valores e as crenças do indivíduo, levando-o a fazer aquilo que não deseja ou se opondo frontalmente. Para que haja sucesso, o ingrediente principal é o tempo. Dizem os místicos indianos que se tendo o tempo necessário e as condições ideais é possível controlar a mente de um sujeito e levá-lo até a atentar contra a própria vida. Exageros à parte, acredito que, para a maioria de nós, o que chamamos de "educação" não passa de uma longa sessão de *mekheness*. Assim, a minha conhecida, espancada pelo companheiro mais jovem e que se achava a grande vilã da história, poderia ter sido *hipnotizada* pelo pai ou pela mãe no sentido de se convencer de que tudo de ruim que acontecia para ela ou para a família era sua culpa. Anos e anos, principalmente na infância, ouvindo as mesmas acusações, sem a presença de uma programação antagônica que lhe desse uma rota alternativa, pode fazer um grande estrago. Obviamente não podemos resumir tudo que acontece após uma sedução bem-feita ao fenômeno hipnótico, mas não há dúvida de que essa maneira de olhar as coisas contribui para esclarecer muitos fatos obscuros desse universo.

Novamente vem a pergunta que não quer calar: como escapar dessa armadilha? Como escapar, se já existe uma programação pós-hipnótica construída muito zelosamente pelos pais, que nos conduz fatalmente a cair nas garras do hipnotizador-mestre? Em primeiro lugar, precisamos ser realistas: muitas pessoas, mesmo que racionalmente afirmem repudiar tal situação, no fundo a buscam com empenho. Se forem entrevistadas, essas pessoas darão as respostas socialmente esperadas: negando e rechaçando relações com assediadores/hipnotizadores, em que o seu pouco livre-arbítrio ficaria reduzido a menos de zero. Mas a irracionalidade das suas emoções pode estar levando-as no sentido oposto. É mais ou menos como os doentes incuráveis, que vão ao consultório médico, mas saem de lá dispostos a não seguir as suas orientações para não correr o "risco" de se curarem. No caso das "vítimas" por vocação, elas sempre podem achar que as emoções e os prazeres obtidos pela rendição a um assediador/hipnotizador ao serem colocados na balança com os "contra" ainda valem a pena.

Recentemente, assistindo a um programa da TV norte-americana, a apresentadora, Oprah Winfrey, minha *ídola*, entrevistou mulheres que foram vítimas de algum tipo de violência por parte de seus maridos ou outros homens com quem tinham uma relação. Um médico era acusado de molestar sexualmente quinhentas pacientes!!! Oprah entrevistou quatro dessas pacientes que resolveram finalmente ir à Justiça contra o médico. A maioria dizia que ele fazia essas práticas (enfiar instrumentos de metal ou o próprio dedo na vagina delas e fazer movimentos repetitivos sem sentido) com freqüência. Outra paciente, que tinha acabado de perder um bebê, disse que ele a mandava voltar ao consultório duas a três vezes por semana e fazia as mesmas manipulações. Quando a apresentadora do programa perguntou a elas se em nenhum momento a "ficha havia caído", se a intuição delas não lhes havia dito que havia algo errado, elas responderam quase em coro: "Sim, a minha intuição dizia que alguma coisa ali estava errada."

"E então por que vocês continuavam a ir lá?", perguntou incrédula a experiente Oprah.

"Porque ele era o nosso médico. Achávamos que ele devia saber o que estava fazendo."

A cortina da autoridade da qual se servem muitos dos assediadores, e atrás da qual igualmente se escoram assediados, é uma razão poderosa, porém cultural. Como disse antes, quanto mais condicionado a obedecer a uma cadeia de comando, mais fácil é cair no conto da "autoridade", seja ela qual for. Por falar em autoridade, vou contar um caso que aconteceu comigo há alguns dias. Estava para iniciar uma palestra para empresários numa cidade do interior do país quando ouvi um sujeito se dirigir à moça que recebia as inscrições: "Vocês têm algum tratamento diferenciado para as autoridades?" A moça, sem saber o que dizer, ainda tentou se situar: "Como assim?" "Quero saber se vocês vão me anunciar ou fazer alguma menção à minha presença, pois sou a única autoridade aqui presente." Nesse momento, sem saber ainda como agir, ela chamou a diretora da empresa que patrocinava o evento. Ao se inteirar da situação e depois de saber que tipo de autoridade o homem era, minha patrocinadora disse: "Claro que temos um tratamento diferenciado, aqui todos são autoridades. Mas, de qualquer forma, me dê o seu nome." Fiquei curioso para saber qual a hierarquia daquele personagem tão inusitado, para dizer o mínimo. Antes de entrar na palestra, pensei em várias alternativas, de secretário de governo a militar. Mas, ao ser feita a apresentação, ele foi citado como delegado do conselho de corretores de imóveis da cidade. Não fiquei constrangido porque o episódio acabou sendo metabolizado e contextualizado na cultura ainda remanescente da hierarquia e da autoridade (últimos suspiros talvez do coronelismo) interioranas. No final do evento esse fato acabou gerando boas risadas. Mas serviu para ilustrar um episódio da corrida em busca de um título, de um status, que conduz ao poder e às suas benesses.

Ter poder, exercer o poder, seja escorado no dinheiro ou na fulgurância de um cargo ou de um sobrenome, é ainda na maioria das sociedades um facilitador da sedução/hipnose. Por outro lado ou, melhor, do outro lado do espelho do poder estão as multidões dos sem-poder que justamente por isso se encantam (literalmente) e se deixam arrastar pelo canto forte dos poderosos. Não tenho aqui a pretensão de propor uma fórmula salvadora para proteger os incautos tanto de um lado quanto de outro do "poder" de serem vítimas dessas armadilhas, mas há caminhos. Um dos exemplos edificantes que uso para mim mesmo sempre que sinto a ameaça da tentação do poder é o mitológico diálogo entre Jesus e o diabo no deserto, narrado por Lucas (4,1-13), que vou reproduzir aqui e depois comentar:

1 Jesus, cheio do Espírito Santo, voltou do Jordão e foi guiado pelo mesmo Espírito no deserto.

2 Durante quarenta dias foi tentado pelo diabo. Nada comeu naqueles dias, ao fim dos quais teve fome.

3 Disse-lhe então o diabo: Se és o Filho de Deus, manda que esta pedra se transforme em pão.

4 Mas Jesus lhe respondeu: Está escrito: não só de pão viverá o homem, mas de toda a palavra de Deus. E o diabo, elevando-o, mostrou-lhe num momento todos os reinos do mundo.

5 Disse-lhe o diabo: Dar-te-ei toda esta autoridade e a glória destes reinos, porque ela me foi entregue, e a dou a quem eu quiser.

6 Portanto, se prostrado me adorares, toda ela será tua.

7 Mas Jesus lhe respondeu: Está escrito: Ao Senhor teu Deus adorarás, e só a ele darás culto.

8 Então o levou a Jerusalém, e o colocou sobre o pináculo do Templo, e disse: Se és o Filho de Deus, atira-te daqui abaixo;

9 Porque está escrito: Aos seus anjos ordenará a teu respeito que te guardem;

10 E eles te susterão nas suas mãos, para não tropeçares em alguma pedra.

11 Respondeu-lhe Jesus: Dito está: Não tentarás o Senhor, teu Deus.

12 Passadas que foram as tentações, de toda sorte apartou-se dele o diabo até momento oportuno.

Reparem em algumas circunstâncias interessantes: o diabo, representando a tentação, aparece quando Jesus está faminto, não quando Ele acabou de fazer uma refeição, não quando Ele está cercado dos Seus discípulos, mas quando está só, e com fome! O diabo lhe oferece a chance de exercer o próprio poder sobrenatural para fazer um milagre e magicamente resolver o próprio problema. Tentação para testar (e medir) os poderes de Jesus? Mais que isso, tentação da vaidade, do falso ego. Jesus estava com fome, mas ainda plenamente alerta, e contra-atacou usando as Escrituras, isto é, os antigos textos do Velho Testamento, ou a Torá, ou seja, Ele não argumentou com o Seu acervo intelectual e sim recorrendo a um texto sobre o qual "não poderia haver polêmica" por ser sagrado ou aceito como a palavra de Deus (a cuja autoridade teoricamente o próprio *coisa-ruim* deveria estar submetido). Depois Jesus é tentado com o próprio Poder temporal. O diabo diz que pode lhe dar autoridade e a glória dos reinos terrestres, e completa: "Pois ela me foi dada, e assim posso dispor dela como me aprouver." Uma pergunta que sempre me intrigou nesse episódio. Quando o diabo diz "essa autoridade me foi dada", penso: por quem? Quem, além do próprio Deus, teria poder para dar-lhe tamanha autoridade? Mas Jesus não se perdeu nessas labirínticas especulações, e novamente não foi para o confronto direto. E novamente derrubou a sedução/tentação diabólica citando o texto sagrado. Mas o diabo pegou o mote e o tentou pela última vez, usando o mesmo texto sagrado, em que dizia que os anjos tinham a obrigação de guardar o Filho de Deus. Finalmente Jesus dá o golpe de misericórdia: se o diabo reconheceu que Ele é o Filho de Deus, também está escrito que "não tentarás o Senhor, teu Deus".

Não pretendo que tenhamos a mesma capacidade de Jesus para lidar com os diabos da sedução/tentação. Mas, sem dúvida, Ele nos fornece um bom exemplo. Nas escolas iniciáticas, pelo menos nas que conheço, usa-se um recurso muito interessante, que é o do padrinho-guia. Os jovens e às vezes nem tão jovens aspirantes ao discipulado nas sendas espirituais em geral são confrontados com imensos desafios. Há nos seus caminhos muitos perigos, que aumentam à medida que crescem em conhecimento e poder. Uma das maneiras de passar com maior segurança por dentro dessa selva inóspita é ter um modelo-guia. Esse modelo pode ser uma pessoa a quem se admira muito, um exemplo de vida, um modelo de virtude e de tudo aquilo que o discípulo deseja ser ou pelo menos parecer.

Assim, nos momentos de grande aflição, de dúvidas cruciais ou de desafios que estão aparentemente além das suas forças, ele se pergunta: "Como o meu modelo agiria numa situação dessas?", "Ele diria ou faria o quê?", "Há na história dele alguma passagem semelhante?", "O que ele fez?", "Posso agir da mesma maneira?", "Posso usá-lo como inspiração?". Essa fórmula age então como uma espécie de "régua" por meio da qual o próprio sujeito se mede. Alguns poderão dizer: "Mas não é possível transpor experiências, e na maioria das vezes esses modelos são santos, avatares, grandes heróis, pessoas acima da média dos simples mortais etc."

Mas todos um dia nasceram exatamente iguais a você e a mim, e tiveram vidas humanas iguais a nossa. Portanto, são, sim, passíveis de nos dar exemplos, de servir de fachos de luz na nossa vida tão cheia de passagens escuras. Estou cansado de ouvir de meus clientes e amigos que passaram por graves armadilhas e saíram muito machucados: "Se eu tivesse seguido o exemplo de fulano..." Muitas vezes esses exemplos são tão simples quanto um NÃO dito de forma firme e irrevogável ou um gesto de dar as costas e sair caminhando, nada que requeira muita prática nem muita habilidade.

Outras vezes a sua aparente simplicidade esconde uma vida inteira de esforçada dedicação ao aprimoramento individual e pode não ser tão simples assim de seguir. Mas, em qualquer que seja o caso, ter um modelo é sempre confortador em momentos de grave crise ou de desorientação geral. No entanto, é preciso ter discernimento na hora de seguir o modelo. Se o seu modelo é o Buda, você precisa ter inteligência e conhecimento bastante para não sair por aí mendigando, passando fome e andando nu, pois, embora tenha feito tudo isso, num momento posterior da sua vida renegou essa fase. Caso resolva seguir o meu conselho, aí vai uma dica: não escolha modelos que estejam num patamar muito além das suas possibilidades. Um parente que tenha tido uma vida admirável (e uma morte idem), um amigo querido e sábio ou alguém muito espiritualizado são algumas boas possibilidades.

Treze

Os Sedutores do Bem

Lendo há algum tempo um ensaio sobre comportamentos *humanos* em animais, deparei-me com a descrição de uma cena da qual jamais esqueci e até já citei em alguns dos meus livros.

Um famoso etologista (estudioso do comportamento animal) observava de longe um bando de chimpanzés. De repente a fêmea avista o macho dominante (dono do pedaço) afastar-se por algum motivo. Imediatamente ela corre para junto de um jovem macho e praticamente lhe esfrega no focinho as suas partes genitais bastante ingurgitadas num sinal ostensivo de excitação. O macho inexperiente ainda tenta fingir que não é com ele, mas ela insiste e, quando ele começa a penetração, eis que volta o macho dominante e, furioso, investe contra o casal de "adúlteros". A fêmea se desembaraça do macaco mais jovem e o espanca, estendendo a mão acusadora para ele e gritando, gesticulando freneticamente, como se quisesse dizer ao chefe que estava sendo seduzida pelo "Ricardão" dos macacos. O jovem macho, que não conseguia se explicar, saiu em disparada, gritando com o terror estampado na cara, com o macacão na sua cola, furioso.

Essa cena, se tiver sido verdadeira (o que acredito), mesmo que tenhamos, a bem da verdade científica, muita cautela com comparações com o comportamento humano, nos é muito familiar.

A sedução como atributo natural da biologia é um requisito inerente à própria vida, um ajutório às forças da natureza responsáveis pela reprodução. Portanto, podemos dizer que a sedução como fenômeno de atração e conquista intersexos não pode ser considerada má nem boa. Como já dito no início, a sedução torna-se condenável quando é apenas uma armadilha, ou seja, quando pretende induzir e conduzir a outra pessoa a fazer aquilo que originalmente não pretendia e que irá lhe gerar dano, dor e/ou prejuízo.

Mas há também diversas instâncias em que o sedutor lança mão do seu arsenal para fins, digamos, louváveis. Lembro-me de quando comecei a dar aulas num curso noturno para adultos. Fazia uma preparação para exercer ao máximo a minha sedução, para atrair-lhes a atenção, de forma que o seu cansaço ao fim de um dia de trabalho não fosse o vilão do aprendizado. Lembro-me como se fosse hoje, brincando com os outros professores, quando dizia que seria capaz de tocar castanholas e sapatear só para manter viva a atenção dos alunos em mim e no entendimento da matéria. Por isso ganhava muitos presentes, alunos das outras turmas ficavam na porta como espectadores da minha aula-show. Mas na rede da minha sedução acabaram vindo também algumas alunas apaixonadas pelo personagem que eu criava em sala de aula, e administrar isso, principalmente para um jovem de dezoito anos, era muito difícil.

Para muitas profissões, a sedução é um exercício de eficiência. Sem ela não se criam os vínculos adequados para a transmissão da mensagem. Recentemente li uma entrevista do psicólogo Roberto Shinyashiki na qual relatava uma experiência que o marcou. Estava entrevistando uma moça que pleiteava um emprego na sua editora. A todas as perguntas ela respondia de forma extremamente econômica, com duas ou três palavras. Como bom psicólogo, ele logo a interpelou dizendo que pelas respostas ela não parecia muito interessada no emprego. A candidata respondeu negativamente, que estava sim MUITO interessada no emprego, mas que era de sua personalidade falar pouco, e pediu-lhe que não a julgasse por isso, e sim pela sua competência, e por fim deu-lhe o golpe de misericórdia: "Se eu estivesse querendo uma vaga de relações-públicas, até concordo com o senhor, mas vou trabalhar na contabilidade. Será que preciso ser tão boa assim com as palavras?" Ele disse: "Contratei-a na hora." Mas eu digo: se não fosse ele um profundo conhecedor da alma humana, essa moça que não o seduziu não teria a menor chance de virar o jogo.

Ela ganhou a vaga pelo uso agudo da razão, mas vivemos em um mundo onde a razão já pulou do trem em movimento há muito tempo. Vivemos num universo governado pelos poderes das emoções, dos mitos, dos simbolismos, mais até do que os nossos ancestrais da Grécia clássica. Basta que um médico saiba diagnosticar e receitar um remédio, que um general seja um bom estrategista, patriota e valente? Bastaria que um diretor de cinema soubesse com precisão o que deseja ver refletido na telona? Claro que não. Se o médico não seduzir o paciente, convencendo-o de que é competente e se importa com ele, a cura estará mais distante. O convencimento é meio caminho para a cura. Por isso a maioria dos médicos exibe na sala de seus consultórios os seus troféus em forma de diplomas, justamente para poupar-lhes o trabalho de nos convencer de que são competentes. São símbolos de status acadêmico, de proficiência, muito mais do que atestados de competência. Isso é pura sedução ou, pelo menos, o pontapé inicial.

Se um general não seduzir seus soldados com palavras encantadas, gestos mágicos e pela atitude pensada e ensaiada teatralmente para causar um forte impacto emocional, e motivá-los, eles apenas lutarão pela própria vida, o que é pouco no campo de batalha. Soldados extenuados, feridos, com fome e desmotivados a continuar matando, e vendo morrer seus companheiros, podem reviver se forem seduzidos/motivados pelo seu comandante de forma adequada.

Lembrem-se das hipnoses, quando a capacidade do organismo humano de ir além dos seus condicionamentos naturais é obtida com certa facilidade. É a mesma hipnose que provoca uma anestesia/analgesia, bloqueando a dor, ou que faz do sujeito um super-homem com forças que ele próprio desconhecia (e vai continuar a desconhecer após passado o efeito da hipnose).

Quantos atores confessam que preferem este diretor àquele, pois os "sedutores" conseguem tirar deles talentos que não tinham certeza de possuir. A sedução é um talento que os dirigentes precisam desenvolver se quiserem conduzir pessoas a produzirem resultados satisfatórios. Mas não só dirigentes; qualquer indivíduo que queira trabalhar de maneira produtiva em sociedade, mesmo a funcionária da contabilidade que só vê números à sua frente, precisa ser sedutor em algum grau.

A sedução é nefasta quando não vai além de marketing pessoal e se mostra ao fim como propaganda enganosa.

O contrário também é verdadeiro. Se você tem ou é um bom produto e não possui a embalagem certa para seduzir o seu mercado, vai desperdiçar talentos preciosos. Sem querer me eximir das responsabilidades, *se* os meus três ou quatro professores de matemática tivessem sido mais sedutores, talvez hoje... Bem como dizem os alemães: se o *se* não existisse, eu seria milionário.

A sedução é uma arte e ao mesmo tempo uma técnica que alguns privilegiados já nascem sabendo e ao longo da vida só vão aperfeiçoando. A maioria de nós, porém, precisa se esforçar e aprender a cada dia, num aprendizado que deve pelas minhas contas durar por toda a existência. Cada idade, cada necessidade, cada traçado geográfico pede uma forma específica de sedução. A fórmula que você usa com sucesso em São Paulo pode falhar perigosamente em Campina Grande, na Paraíba, ou em Guarapuava, no Paraná. Só um desatinado como eu seria imprudente o suficiente para contar piada de português em uma palestra para universitários, em Coimbra, e no fim ser aplaudido em vez de vaiado. Mas, como dizem os artistas de circo, "crianças, não tentem fazer isso em casa". O maior problema da arte da sedução aprendida em "Dez Lições", em cursos de fim de semana ou em livros de auto-ajuda, é justamente essa falta do leque de alternativas e aplicabilidade que oriente o sujeito a fazer essas adaptações. O que é usado para seduzir os próprios funcionários pode não funcionar quando se trata dos funcionários de outra empresa. O que se usava para seduzir um namorado pode não funcionar com o maridão com quem se está casada há um bom número de anos!

Qual a conclusão então? Que a arte da sedução positiva, facilitadora, lubrificadora das relações interpessoais, requer, além do instinto natural, inteligência, discernimento. Saber dançar de acordo com a música, reconhecendo-a, e ter a sensibilidade de fazer as correções de acordo com o público-alvo e com os objetivos é fundamental. É muito comum vermos pessoas cuja profissão está ligada basicamente à sedução (vendedores e corretores de imóveis, por exemplo) não conseguirem desligar o aparelho sedutor quando estão em casa com a mulher e os filhos. Alguns chamam isso de "deformação profissional"; antigamente se dizia "o uso do cachimbo faz a boca torta". Isso é ruim porque o que é bom para "lá" costuma não servir para o "aqui". Com as mulheres (mães) às vezes acontece o contrário: elas desenvolvem mecanismos sedutores maternalistas e acabam levando esse traquejo para o ambiente profissional. Assim, chegam ao escritório e modelam a voz para dizer: "Filhinho, aquela sua planilha estava maravilhosa. Parabéns, viu, querido, continue assim." Só falta dizer "que a mamãe vai *a-do-rar*!". A fórmula da sedução positiva precisa ser constantemente calibrada para evitar que se torne anti-sedução. E não me refiro apenas ao ajuste qualitativo. Toda sedução é uma "venda", e se for exagerada poderá virar-se contra o vendedor no fenômeno denominado pelos norte-americanos de *overselling,* algo como venda excessiva, e ter o resultado exatamente oposto ao pretendido.

Sedução, convencimento, conquista e hipnose atuam mais ou menos nas mesmas áreas do cérebro, podendo ir de simples encantamento sentimental ao fanatismo de últimas conseqüências em que o seduzido pode preferir a morte a trair o seu sedutor. Recentemente a polícia da Áustria perseguiu um homem que seqüestrou e manteve em cárcere privado uma menina de sete anos por OITO ANOS! Num descuido dele a menina correu e procurou os vizinhos. Os especialistas justificam o comportamento dela não tentando fugir antes (embora tenha tido muitas oportunidades) como a tal síndrome de Estocolmo. Essa síndrome explica por que pessoas submetidas a uma situação de submissão e rendição absolutas forçadas por algum tempo tendem a ter comportamento complacente em relação aos seus captores, chegando até mesmo a desenvolverem sentimentos afetuosos para com eles.

Mas não faça careta quando comparo um seqüestrador a um casanova. Eles estão, sim, no mesmo *continuum*, só que em extremos opostos. O seqüestrador ou líder carismático usa a força ou a força da hipnose pesada, que alguns chamam de lavagem cerebral, para implantar na mente do outro o seu programa pessoal, que vai substituir os programas culturais do sujeito. Se ele usa a força de uma metralhadora, de uma faca ou das palavras carregadas de emoções poderosas, é apenas uma questão de intensidade; o resultado geralmente é o mesmo. Por isso existem organizações em todo o mundo que "seqüestram" de volta membros de seitas fanáticas que supostamente passaram por uma lavagem cerebral, renegaram o mundo e a todos em favor de seus líderes e suas idéias.

Em muitos casos a lei até concorda com esse tipo de contraviolência, pois entende que a vítima está refém de idéias que foram tão fortemente (e de maneira forçosa) implantadas que podem pôr a sua vida e a de outros em perigo. Esse foi o caso da seita do ramo *davidiano* do Texas, onde quase todos os membros morreram ao se recusarem a obedecer à ordem do FBI de desocupação do prédio onde estavam fortemente armados. Aconteceu com os membros da seita Verdade Suprema, no Japão, que orientados pelo seu insano líder colocaram gás Sarin no metrô de Tóquio, matando e espalhando o terror. A "hipnose" que uma sedução profunda pode obter, se tiver tempo e as condições favoráveis para tal, atropela uma das crenças basilares da moderna hipnose, como foi citado. Os especialistas dizem que nenhum hipnotizado fará qualquer coisa contrária à sua natureza, como, por exemplo, atentar contra a própria vida ou tornar-se um assassino. Acredito que a maioria das pessoas enredadas em situações de prisão mental iniciou esse processo seduzidas pelo sorriso do líder. Todos os dias atendo mulheres que vivem situações de calvário ao lado de homens cruéis, opressores, e não conseguem fugir deles. Quando pressionadas, elas em geral justificam as ações do parceiro, aceitam suas desculpas ou as suas juras de amor. Hipnose, hipnose, hipnose! Por isso podemos perceber quão rica é a relação entre sedutor e seduzido, como é poderoso o "vírus" que certos sedutores implantam na mente de suas vítimas para destruir-lhes a vontade, o amor próprio e a autodeterminação.

Quatorze

O Sedutor como Motivador

Outro dia eu estava assistindo à tevê e o repórter entrevistou um jogador de futebol conhecido pela sua fama de *bad boy*, e ele falava de como estava encantado com o novo técnico com quem recentemente tinha tido graves desavenças. Contou que a habilidade do técnico em ouvir os jogadores e permitir que expressassem as suas opiniões havia sido fundamental. Contou também que num dado momento em que o time estava atravessando uma fase ruim, com sucessivas derrotas, o técnico sedutor-motivador, ao fazer a sua preleção rotineira junto aos jogadores, havia colocado uma música cujo título dizia tudo: *Dias Melhores Virão*. O jogador *bad boy*, conhecido pelo temperamento estourado dentro e fora de campo, confessou para quem quisesse ouvir que "chegou às lágrimas" ao ouvir o refrão que repetia: "Dias melhores virão". Por fim, disse que o técnico conseguira arrancar o máximo dos seus jogadores e por isso as vitórias estavam acontecendo, "pois ninguém era capaz de negar-lhe nenhum sacrifício".

A sedução pode atingir áreas do cérebro com tamanho impacto que é capaz de liberar substâncias conhecidas como neurotransmissores, grandes responsáveis químicos pelos estados emocionais pelos quais passamos ao longo das nossas vidas. A sedução por si só já é motivadora, mas motiva sempre o seduzido na direção do sedutor. Nesse momento em que o seduzido se torna um refém (em graus variados), o sedutor/motivador pode redirecionar o refém e sua vida para onde bem entender.

Conheci um sedutor mau-caráter há cerca de vinte anos que costumava oferecer suas namoradas aos amigos ou conhecidos tanto para impressioná-los quanto como moeda de troca. As meninas, em sua maioria vindas de famílias bem-estruturadas da classe média, atendiam ao "pedido" do seu "amo" sem questionar, às vezes precisando apenas de algumas palavras de incentivo cochichadas ao pé do ouvido ou de um sorriso e um olhar lânguido cheio de significados ocultos. Não tenho certeza, mas tudo indica que ele não usava de violência física para obter esse comportamento delas. As meninas se consideravam parte de algo, de um time, de uma equipe, e se sentiam motivadas a fazer quaisquer sacrifícios pelo líder amado, idolatrado, salve, salve.

Quando nas raras ocasiões em que assisto a palestras ditas motivacionais, fico deleitado em apreciar todo aquele investimento inicial do palestrante para seduzir a platéia. Observo como ele divide criteriosamente o seu tempo nas várias fases da sedução. Primeiro tenta impressionar a platéia jogando sobre ela o peso do seu currículo e da sua experiência bem-sucedida, contando casos, *cases* ou causos. Depois ele baixa a bola, desce do Olimpo onde ele mesmo se colocou (ou caso a sua fama o tenha precedido talvez nem precise gastar tanta munição auto-elogiosa). Pode fazer isso contando uma piada sobre si mesmo, sobre a sua vida

O Sedutor como Motivador

pessoal, em que seu filho o chamou de professor aloprado; isso o traz para a esfera dos seres comuns, criando uma identificação possível entre si e o público. Em seguida ele continua falando para todos, mas escolhendo algumas "vítimas" para fortalecer alianças. É importante nesse processo inicial conseguir a aquiescência da platéia; cabeças balançando positivamente acompanhadas de sorrisos de aprovação é um excelente começo. Isso se consegue usando como entrada perguntas simples que ninguém daria um *não* como resposta, como, por exemplo: "Todos aqui desejam progredir, não é mesmo?", "Quem não quer ganhar dinheiro para ajudar a família?", "Você não deseja subir na hierarquia da empresa?", "Vocês não querem um carro melhor, uma casa melhor, uma vida melhor?", "Vocês não querem ser reconhecidos e elogiados no seu trabalho?" Depois de responderem continuamente sim, sim, sim, continuarão respondendo sim (pelo menos a maioria já anestesiada) a questões mais controversas — o prato principal —, mas aí já era. A obtenção da concordância cria um elo de cumplicidade, vincula e de certa forma compromete. Quando o auditório (porque nessa altura já não há ali pessoas individualizadas e sim algo chamado *auditório*, uma "alma-grupo" com alto grau de uniformização), está seduzido, ele fica motivado a acompanhar o líder em sua "viagem".

A partir daí ele se prepara para transferir a motivação para o seu fim ou objetivo real. Esse objetivo pode ser ganhar um jogo de futebol, aumentar o faturamento da empresa ou melhorar o aprendizado. Isso será feito esquecendo-se um pouco dos direitos e necessidades pessoais num sacrifício pelo bem comum (quer dizer, da empresa, do governo ou da seita) ou superando as diferenças pessoais visando a uma meta coletiva. Não se ofendam, mas guardando-se as devidas (e grandes) proporções é mais ou menos o que um adestrador de cães faz na hora de passar os comandos aprendidos pelo cão para o seu dono.

As palestras motivacionais na realidade são uma síntese de todo um acervo de conhecimentos sobre a arte da sedução, do convencimento e da persuasão. O grande problema desse tipo de evento é que a sua duração sobre seu público-alvo é efêmera, e dificilmente a transferência pode ser feita de forma ideal. Quando falei antes sobre o efeito arrasador dos líderes carismáticos, políticos ou religiosos sobre seus acólitos, frisei bem um conceito que talvez tenha passado despercebido: dadas as condições favoráveis, e tempo... os resultados podem ser alcançados com grande probabilidade de sucesso. Isso acontece com comunidades fechadas, com vítimas de seqüestros ou de relacionamentos opressivos em que o indivíduo é mantido isolado por um longo período. A combinação de isolamento, fragilização do ego e medo abre caminho para o reforço contínuo dos estímulos hipnóticos sedutores e motivadores. Num tal ambiente está criado o solo apropriado para que os comandos repetitivos e unívocos germinem e prosperem. Como dizia o chefe do marketing político de Hitler: "Uma mentira repetida muitas vezes acaba virando verdade."

Falando no diabo, ele mesmo foi um dos maiores mesmerizadores de grandes populações da história da humanidade. Apesar dos que acreditam numa sombria força mística que se apoderava dele e lhe conferia poderes supra-humanos, eu acredito em outra coisa. O próprio *Führer* não fazia segredo da sua técnica:

"Prefiro falar à noite, quando a mente racional das pessoas já não está tão ativa. Os archotes iluminam a escuridão estimulando as paixões. Os estandartes (falava das gigantescas bandeiras com o símbolo da cruz suástica) erguidos do alto dão a sensação de grandiosidade. Assim, o homem comum se identifica com os símbolos de poder, de grandiosidade e também se eleva. Aprendi isso com a Igreja Católica."

Ele conseguiu motivar um povo considerado o mais culto e racional do planeta a segui-lo numa viagem autodestrutiva, contra o resto do mundo, uma jornada de morte e devastação jamais vista pela humanidade. Para isso fazia seus comícios repetidamente, além de falar pelo rádio com muita freqüência. Reforçava a sua hipnose coletiva com propaganda eficiente e dava a sensação de uma onipresença quase divina. Baixinho, feioso, com um bigodinho esdrúxulo, mas quantos não deram a vida por ele e quantos ainda hoje não o fariam se lhes fosse dada a chance.

Felizmente (ou infelizmente) as palestras motivacionais têm grande impacto imediato, mas um efeito pouco duradouro, por falta de reforço continuado. Elas podem funcionar muito bem antes de uma partida de futebol ou de outro esporte qualquer, mas numa empresa o que se almeja é um estado de motivação continuado. E isso não é alcançado em palestras ou workshops de fim de semana. As empresas precisariam de um programa mais eficiente que fizesse um link entre a palestra motivacional com atividades de reforço sistemáticas. Apesar de as pessoas serem as mesmas em suas aspirações e emoções, hoje e cada vez mais uma consciência crítica está se formando. Até os índios não aceitam mais espelhos e badulaques, agora querem camionetes de cabine dupla, celulares com *bluetooth* e cartão de crédito. Assim a, verdadeira motivação tem de ser um mix de estímulos motivacionais e premiações efetivas, recompensas reais. Como já contei, aos dezoito anos fui atrás de emprego numa grande editora, acabei sendo cooptado por um gerente de vendas de enciclopédia. Ele me convenceu que seria um desperdício usar o "meu charme e cultura" para ser um jornalista ganhando um salário pouco maior do que o de um operário de chão-de-fábrica. Segundo ele, eu merecia ganhar dinheiro de "gente grande". Perdido no espaço, recém-saído de uma prisão militar por causa da ditadura, acabei cedendo. Não vendi uma única enciclopédia, mas aprendi grandes lições que me servem até hoje, quase quarenta anos depois.

Todos os dias, antes de saírem para a guerra das ruas, as equipes eram submetidas a um intenso e quase insano programa de motivação para a batalha. Elas tinham nomes como Os Leões, Os Guerreiros, Os Apaches etc. Havia gritos de guerra, exibição do desempenho dos campeões de venda e quanto eles haviam ganhado, dos carros novos que puderam comprar, além da exibição de prêmios que seriam dados aos melhores vendedores, e sempre havia uma surpresa guardada no final. Era uma espécie de batida do martelo. Depois de serem mostradas todas as vantagens, as promoções, as "cartas na manga" (vantagens que não poderia fazer, mas ele, o gerente magnânimo, por sua conta e risco, iria fazer para demonstrar o quanto estava lutando pelo nosso sucesso), vinha o tal golpe do martelo. Uma carta extra, um bônus-surpresa para não deixar mais alternativas para os desanimados ou pessimistas. O interessante é que essas técnicas usadas para motivar os vendedores (ou, no meu caso, transformar um jovem jornalista em vendedor de enciclopédias) eram as mesmas que nos ensinavam para vencer as resistências dos potenciais clientes. E todos se deixavam contagiar pelo clima de "vamos à guerra e vamos vencer!". Comigo não deu certo, infelizmente não consegui ser motivado a ponto de sair babando em busca de vítimas-compradores para depois fazer risquinhos no meu Colt 45.

Motivar, convencer, seduzir, hipnotizar, conquistar são verbos que traduzem a mesma experiência. A implantação de um programa da vontade de A na mente de B.

Quinze

A Sedução como Droga

Pode parecer meio deslocado num livro sobre sedução pela linguagem falar das descobertas da neurociência. Mas, acreditem, está no contexto e vai ser útil para termos uma visão menos superficial de todas as faces desse fenômeno.

Há cerca de trinta anos (início da década de 80), pesquisadores buscando respostas para as crises convulsivas e epilépticas fizeram uma experiência fundamental para a compreensão mais profunda de como funciona o nosso cérebro. Os cientistas já sabiam que, na verdade, temos "dois cérebros", ou, como seria mais correto dizer, um cérebro dividido em dois hemisférios. Os hemisférios são ligados por uma ponte fibrosa chamada de corpo caloso. Os neurologistas acreditavam que o ataque convulsivo se dava quando o hemisfério direito inundava o esquerdo com torrentes de impulsos eletroquímicos, que passavam de um lado para outro justamente pelo corpo caloso, como soldados que atravessam a ponte para atacar o outro lado do rio. Assim, eles seccionaram o corpo caloso de alguns pacientes epilépticos e constataram aliviados que os ataques haviam cessado. A reboque dessa descoberta, perceberam também que os pacientes sem a ponte demonstravam algumas características muito surpreendentes. Por exemplo, todos os pacientes não conseguiam nomear um objeto que fosse colocado na sua mão direita (uma maçã, por exemplo) se não estivessem olhando diretamente para ela. A partir daí outros experimentos foram feitos e as conclusões mudaram os conceitos até de métodos educacionais. Em resumo, descobriu-se que o hemisfério esquerdo é o responsável pela fala. Isso significa que os condicionamentos culturais, as censuras, a etiqueta e os costumes sociais, ou seja, aquilo que é transmitido pela sociedade, de geração em geração, fica armazenado no cérebro esquerdo. Já o direito é mais misterioso, mas sem dúvida é o cérebro a que se pode dar o nome de "artístico" ou "mediúnico". Lá são coordenadas as atividades espaciais, os julgamentos por aproximação ou generalização. Porém, é lá, principalmente, que se processam as imagens, ou seja, é um cérebro visual por excelência. Por esse motivo, lesões em áreas do hemisfério esquerdo podem comprometer a fala para sempre. A mesma lesão no hemisfério direito, no entanto, pode ser reversível à medida que essa área não especializada pode acabar "aprendendo a falar". Outros indícios apontam na direção de que tanto os sonhos quanto a hipnose atuam com mais potência no hemisfério direito, assim como os transes mediúnicos, êxtases religiosos etc. As pesquisas parapsicológicas indicam que as religiões e os místicos já vêm utilizando esse conhecimento há milênios.

Como o cérebro dominante no nosso dia-a-dia é o esquerdo (fala, racionalidade, educação etc.), precisamos "tirá-lo de ação" para evitar as censuras negativadoras (coisas do tipo: não é verdadeiro, não é científico, não é natural etc.). E como se faz isso? Simples, inundando o cérebro esquerdo com estímulos para os quais não há registro. Por exemplo, o registro cultural nos diz que ao caminhar o façamos colocando um pé adiante do outro. Mas, quando começamos a girar em círculos e em torno do nosso próprio eixo, mandamos mensagens embaralhadoras dos programas "normais" do cérebro esquerdo. Se olharmos fixamente por algum tempo a chama de uma vela, também estaremos mandando mensagens não-codificadas em termos de aceitabilidade por parte do cérebro esquerdo. Mas o que provoca a retração do hemisfério esquerdo de forma mais rápida são os *estímulos repetitivos*. O cérebro esquerdo está programado para entender e reagir se ouvir: "Por favor, me traga um copo d'água." Mas, se eu ouvir essa mensagem sendo repetida cinco, dez, vinte vezes, haverá uma retração do cérebro esquerdo, como se ele dissesse: "Epa, não há registro para isso, estou fora." E, quando ele fica fora (parcialmente, é claro), o direito pula à frente. Quando por algum tempo o hemisfério esquerdo deixa de ser o dominante, as censuras, as "travas de segurança" socioculturais ficam afrouxadas. Por isso o estreito paralelismo entre a sedução e a hipnose. Ambas atuam com mecanismos de perturbação da ordem do hemisfério esquerdo, que diante desses ataques de "vírus" se retrai, dando passagem à atuação mais dinâmica do hemisfério direito. Por ser o produtor de imagens, ele está ligado às imagens arquetípicas remotas tanto da infância do indivíduo quando da infância da humanidade (ontogenético e filogenético). Por isso é comum observarmos comportamentos regressivos em sujeitos submetidos a estímulos hipnóticos ou a processos de intensa sedução.

Em outras palavras, eles ou elas viram crianças, seu pensamento regride, suas emoções se tornam primárias, sua dependência do outro (pai e mãe) recupera padrões infantis e podem ser manipulados como se fossem crianças por um adulto. A expressão "tirar doce de criança", embora não seja mais sinônimo de tarefa tão fácil como no passado, se aplica muito bem a esse estado regressivo quando os nossos guardiães culturais instalados no hemisfério esquerdo dão um tempo. A sedução que usa os mecanismos da linguagem, assim como a hipnose que usa os mecanismos da linguagem, têm como objetivo primário submeter o outro à vontade ou controle do operador/sedutor. Mas para exercer esse controle de forma efetiva é preciso afastar do comando o hemisfério esquerdo (crítico) ou pegar alguém que não tenha esse "pedaço" do cérebro tão desenvolvido.

Mas há uma terceira possibilidade: conheço pessoas com o cérebro esquerdo bem desenvolvido, pois são críticas, bem articuladas, com boa cultura, bom capital de informação, e mesmo assim são facilmente manipuláveis pela sedução. Como isso pode acontecer? Pela conjunção de dois fatores: o primeiro é um hemisfério direito também forte e desenvolvido. Podemos encontrar esse fator em médiuns, artistas de grande sensibilidade, sensitivos e pessoas que, apesar de desenvolvidas intelectualmente, tiveram poucas oportunidades de desenvolver sua inteligência emocional. Por incrível que pareça, é muito mais fácil encontrarmos Ph.D em física quântica do que Ph.D em inteligência emocional, que nem mesmo se aprende na escola. Como discuti no livro *Dormindo com o Inimigo*, a baixa estatura de Q.E. (Quociente Emocional) pode levar a uma dissociação radical entre um cérebro esquerdo forte, cheio de informação, com um imenso acervo de linguagens de todos os tipos, do sânscrito à linguagem Java dos programadores de computadores, e um hemisfério direito cheio de névoas e mistérios insondáveis. E é justamente nessa fissura que muitas mulheres (naturalmente homens também) super, ultrainteligentes acabam caindo reféns de sedutores/hipnotizadores que fazem delas gato e sapato. Como disse uma cliente, advogada competentíssima e até temida por alguns juízes: "Quando estou apaixonada, viro bolsa na mão do homem." "E o que se faz com uma bolsa?", perguntei cheio dos truques e psicologismos. "Se abre, fecha, enche, esvazia e se joga onde quiser."

O afastamento momentâneo da dominância do hemisfério esquerdo pode abrir uma brecha para a implantação de um programa espião, similar aos que os hackers fazem com os vírus chamados de "cavalos de tróia". Esse programa espião, na verdade, pode ser uma idéia, um pensamento monotônico, um conceito (aceito como autoconceito) do tipo: "Eu não nasci para ser feliz no amor; por isso tenho de aceitar qualquer coisa, qualquer migalha de afeto que me oferecer o primeiro que passar." Esse programa-pensamento é por si só um programa infantil, muito comum nas crianças que acreditam (algumas com razão) que "ninguém me ama, ninguém me quer por perto, eu não deveria ter nascido".

Aliás, sem querer abrir outra janela, essa é a base para a sedução na pedofilia: é fácil para o sedutor pedófilo convencer a criança de que ela não é amada por quem deveria, mas ele sim pode amá-la, desde que ela se comporte de uma determinada maneira. Ou, ao contrário, o comportamento desejado seria uma recompensa natural para quem se dignou a amar uma criatura desamada, esquecida e sem absolutamente nenhuma importância. Muitas dessas crianças seduzidas por pedófilos se submeteram às maiores barbaridades e a violências sexuais apenas para recompensar o pedófilo pela atenção que tiveram para com elas.

A criança, como sabemos, é extremamente egocêntrica e só enxerga a si mesma como centro do universo. Quando isso não acontece ou ela não percebe assim, instala-se uma grande frustração, que pode gerar desde depressão até revolta, rebeldia ou também outros comportamentos pré-patológicos. Quando um adulto se permite a recuperação desse estágio primário de seu desenvolvimento emocional, em geral há um outro adulto na jogada orquestrando essa regressão. Esse manipulador faz o papel do "pseudopedófilo", pois está manipulando a *criança* que se manifestou naquele adulto. Infelizmente não se pode imputar o crime de pedofilia a um adulto que violenta a "criança" de outro adulto, pois, como Freud mesmo disse, "adultos devem saber se defender e ter o arbítrio de decidir o que, como, quando e com quem fazer". Mas na verdade não é bem assim.

Sabemos também que antes dos sete anos, ou seja, antes da alfabetização, a criança tem um hemisfério esquerdo ainda subdesenvolvido, e por isso sofre uma grande influência do seu cérebro direito. Tudo para ela pode ser traduzido por imagens. Daí seus desenhos nessa fase serem tão significativos, e psicólogos e psicopedagogos adoram analisá-los. E eles sabem o que estão fazendo, pois constituem a sua linguagem pré-verbal ainda incontaminada de conservantes e corantes culturais. Quando uma criança sonha que há um tigre em seu quarto, *há mesmo* um no seu quarto, sua experiência em nada se diferencia da real, senão pelo fato de o tigre não existir e, portanto, não poder lhe causar um mal concreto.

Adultos que regridem sob a ação de um ou mais agentes sedutores/hipnotizadores tendem também a fantasiar, a serem mais imagéticos. Cenas de filmes se confundem com a realidade, canções são percebidas como tendo sido feitas por encomenda para descrever a sua situação de paixão ou de solidão, de mágoa ou tantos outros sentimentos experimentados na sedução amorosa. Essas idéias arquetípicas são tão exploradas nas letras das músicas e enredos de romances justamente para provocar essa identificação. Não adianta depois o cérebro esquerdo tentar pôr ordem no galinheiro ou trancar a porta depois que o ladrão entrou, a "magia", o feitiço, o *envoûtement* já se instalou. Agora só nos resta rezar.

O "vírus" que embaralha a coordenação do cérebro esquerdo é resistente à remoção pelo próprio, pois corrói a confiança na sua capacidade de agir logicamente.

Uma cliente que passou por várias frustrações amorosas (todas por responsabilidade sua) ficou tão fragilizada que recusou a minha proposta de reeducação sentimental; em vez disso, ela me pediu que lhe indicasse um "bom pai-de-santo". Mesmo com todos os argumentos de que não haveria solução mágica para as suas dificuldades amorosas, ela insistia em buscar a saída "espírita", como ela mesma definiu. Tentei ainda argumentar sem ofendê-la, é claro, de que os espíritos não poderiam resolver o problema da sua incompetência sentimental, da sua grande imaturidade. Expliquei-lhe que as suas neuroses eram as responsáveis não só pela escolha equivocada dos parceiros, como também pelas *cacas* que fazia em relacionamentos promissores. Mas seu cérebro esquerdo, lógico, racional, educado, que a sustentava (com alto custo) em seu bem-remunerado emprego já não estava hígido o suficiente para retomar as rédeas da sua vida cotidiana. Na sua cabeça (leia-se cérebro direito) as fantasias de macumbas, espíritos demoníacos e outras imagens do acervo "espiritual" ganhavam a dimensão de realidade. Obviamente esse estrago não se deve à ação de um único hemisfério; eles trabalham em conjunto, num processo de realimentação mútua, como se duas máquinas avariadas resolvessem trabalhar juntas para ver se formavam um único mecanismo perfeito. Infelizmente isso não existe, simplesmente não funciona assim. Como seu hemisfério esquerdo está seriamente avariado, ela está aberta para invasões de sedutores. Se tiver a *mala suerte* de topar com um "guru" mal-intencionado (e as chances são muitas por causa da lei de atração dos pólos), ela estará novamente numa roubada. Incapaz de avaliar o perigo, vai repetir situações antigas sempre com um final infeliz, o que reforçará a sua sensação de inadequação, afundará sua auto-estima, e só Deus sabe onde isso vai parar.

O outro lado dessa moeda, quer dizer, desse cérebro, é quando o hemisfério esquerdo é muito forte, excessivamente dominante. Nesse caso a tendência é reduzir a vida aos padrões conhecidos, limitados àquilo que foi aprendido, cercado pela barreira natural dos limiares da linguagem, dos acervos de conhecimentos, dos preconceitos, verdades,

A Sedução como Droga

meias-verdades e mentiras inteiras. Além disso, em situações assim, vamos encontrar pessoas "das palavras" que pretendem esgotar as possibilidades emocionais simplesmente falando.

Uma outra cliente, casada, psicóloga, além de fazer suas consultas bissextas comigo (sou o da "crise") tem a sua terapeuta regular e freqüenta juntamente com o marido uma terapia de casais. Sua tentativa de reduzir tudo a elementos etiquetáveis dentro do seu acervo pessoal de conhecimentos faz com que ela seja a discutidora, a dialogadora, que vai argumentando e contra-argumentando numa dízima periódica de réplicas e tréplicas sem fim. As limitações naturais da sua cultura, do seu acervo depositado no hemisfério esquerdo, acabam por deixar de fora da festa de palavras um pacote (incomensurável) de emoções, situações, sentimentos não compreendidos, não catalogados, nem mesmo imaginados. Isso gera outros subprodutos, como a sensação de impotência, de perplexidade, de desespero, do tipo "parem o mundo que eu quero descer".

A vã tentativa de reduzir o mundo (geral e particular) às coordenadas da cultura pessoal sempre acaba em beco sem saída. Tentar compreender todo o mundo de emoções, sentimentos e situações (muitas delas reencenações de programas primitivos, pré-linguagem, pré-culturais) é uma quimera. Esse reducionismo até compreensível termina em confusão mental, e nas mesmas perplexidades do elefante que não cabe no tubo de ensaio.

A minha cliente psicóloga embarcava, desembarcava e novamente embarcava numa exaustiva batalha de palavras, de exercício de lógica e racionalidade com seu marido.

Quando achava que o havia encurralado pela razão, ele simplesmente escapulia com as seguintes palavras: "Não, eu não disse isso." Ou: "Você está fazendo confusão, eu me referia a outra pessoa e não a você", "Não me lembro de ter feito ou dito qualquer coisa parecida com o que está alegando." Pimba! De um instante para outro ele escapulia do abraço da lógica, soprando para longe, como o lobo mau, as frágeis estruturas argumentativas dela. "Você está mentindo. Não me lembro disso. Não disse isto. Não fiz aquilo. Não tenho a menor idéia do que você está falando. Você simplesmente está louca!" são algumas das alavancas de desmonte da "verdade", da "lógica", usadas por neuróticos, psicóticos em geral quando se vêem ameaçados pela realidade.

O interessante é que ao perceber o esquema em que ela estava metida pedi-lhe que não tentasse resolver o dilema pela função lógica e sim pela mesma ilogicidade que seu marido esgrimava. Sugeri que lhe desse razão, o apoiasse na sua "loucura" e não ficasse espreitando nos cantos, sempre pronta para dar o bote toda vez que o pegasse em flagrante contradição ou erro. Repeti inúmeras vezes: "Essa luta você não vai vencer NUNCA, pois, se vencer, você perderá. Perderá o marido, perderá o casamento e perderá a família que você tanto preza e que diz lutar para preservar."

A obsessão dela era vencer a discussão, *provar que estava certa*, triunfar dialeticamente sobre ele, mostrar ao mundo sua maestria com a articulação cerebral e fazer valer no final o esplendor da razão. Senti que ela não se deixava seduzir pelas minhas palavras, senti que o seu cérebro esquerdo media, pesava, dissecava, filtrava cada palavra, cada ponto de exclamação, cada interjeição que eu proferia. Quando pedia que agisse também irracionalmente, que fosse mais emoção que razão, ela me olhava de canto de olho e mordia os lábios usando a linguagem universal da desaprovação.

Habitando em extremos, as minhas duas clientes estavam muito mais próximas do que poderiam aceitar se lhes fosse permitido se conhecerem. A primeira, com os mecanismos controladores do hemisfério esquerdo seriamente avariados, regrediu a um estágio infantil, carente, egocêntrico, tendo eleito a fantasia como meio de compensar todos os seus fracassos. A segunda, constelando o arquétipo do superadulto ser *só neurônios*, estava a um passo da saturação, a um passo dos limites de ação do hemisfério esquerdo. Mais um pouco de tensão, mais um pouco de sobrecarga e frustração, ela cederia e iria se encontrar com a outra parte infantil soterrada sob os escombros de conceitos, regras, paradigmas, filosofias e psicologias. Sei que alguns vão dizer: "Mas essa é uma visão dualista, muito simplificadora, Roberto." E eu humildemente terei de concordar.

Essa dualidade científica, ou paracientífica, pode ser considerada um arquétipo se o mestre Jung nos permitir tamanha liberdade. Da mesma forma que os chineses criaram o Yin e o Yang, para explicar e medir as forças polares sempre engalfinhadas do universo, podemos dizer, parafraseando o filósofo grego, que o equilíbrio está no meio. Mas não no meio *metade*. No meio *paritário*, no meio daquilo que chamarei de equilíbrio da temperança. Não podemos simplesmente ceder metade do espaço do hemisfério esquerdo para o direito — seria o caos, voltaríamos a estágios primitivos, pré-verbais. O hemisfério esquerdo é o dominante, é o social, através dele a cultura de uma determinada sociedade é transmitida de geração em geração via linguagem. Mas precisamos "entender" as limitações do conhecimento possível de ser armazenado. O conhecimento, talvez, nunca poderá explicar a totalidade do fenômeno chamado Vida.

Por outro lado, o cérebro direito pode, se convenientemente "educado", contribuir com insights, soluções e assimilações para o engrandecimento do nosso acervo de conhecimento. Ele pode ser o nosso hiperlink com um acervo de conhecimentos universais, esse banco de dados cósmico onde tudo está, tudo é. Você sabia que o inventor da caneta esferográfica chegou à solução que culminou no seu invento através de um sonho? O mundo está cheio de exemplos de informações simples ou luminosas que nos chegaram por meio dos ainda misteriosos mecanismos do hemisfério direito do cérebro. Mas, como o hemisfério direito não fala, precisamos do esquerdo para ser o seu porta-voz, seu tradutor e intérprete.

Na tevê há uma série norte-americana, ou inglesa, não me lembro, chamada *Psy Detectives*, que mostra como a atuação de sensitivos e paranormais ajuda a polícia a resolver crimes misteriosos. Mas, se o cérebro esquerdo não estivesse ativo, como o paranormal passaria as informações à polícia, se é essa parte do cérebro que coloca as percepções em termos inteligíveis e depois sustenta a explicação verbal? Por outro lado, uma pessoa que tenha desenvolvido apenas as potencialidades do hemisfério esquerdo (e isso pode ser conseguido por uma educação excessivamente rígida) irá sofrer constantemente de uma sensação de desajustamento, de estar em descompasso com a loucura da vida e das pessoas. Provavelmente dirá que não "sonha", que não acredita em Deus e só admite aquilo que pode ver, pegar e medir.

Suas frustrações irão se acumular à medida que for sentindo na pele que as suas medidas são insuficientes para mensurar as imponderabilidades da vida.

Certa vez conheci um sujeito assim. Formou-se em sociologia por uma das mais prestigiadas faculdades do país, e seu viés esquerdista contribuía para que tivesse essa visão reducionista de que o mundo seria "inteligível" e tudo pudesse ser decifrado, explicado racionalmente. Discutindo sobre fenômenos espirituais com ele, ouvi a seguinte frase que me marcou pelo resto da vida: "Se eu entrar em casa um dia e vir um 'preto-velho' (entidade mais famosa da umbanda) conversando com a minha mulher, não vou pestanejar: descarrego o meu revólver nele." Esse é um cérebro esquerdo no auge da sua atuação. Alguns de vocês mais afeitos com as coisas do espírito podem dizer que essa não é senão uma demonstração de imbecilidade crônica ou de profunda ignorância, se forem mais educados. Mas para a mente radicalmente racional é uma idéia natural, já que entidades espirituais simplesmente não existem.

Uma mente dominada pelo cérebro direito, no entanto, vai mostrar alguém em total desajuste com a sociedade. Artistas excêntricos, personalidades bizarras, seres com baixíssima capacidade de comunicação social, alucinados, gente que não sabe distinguir entre as suas fantasias e a realidade mais simples, visionários descolados da concretude da vida cotidiana são os exemplos mais comuns desse tipo de disfunção. Mas nenhum dos dois tipos pode ser considerado perigoso, uma vez que o racional costuma ser ajustado socialmente, obediente às leis e regras sociais, e quando as contesta é dentro do contexto das suas próprias possibilidades, ou seja, dentro das regras do jogo.

O médium ou visionário do cérebro direito, por sua baixa capacidade de comunicação e de interação social, só representa perigo se desenvolver alguma patologia ou sociopatia grave, mas em geral isso não acontece, pois vamos estar sempre diante de alguém que não compreende e por isso prefere o afastamento da sociedade, suas regras e costumes. O tipo mais perigoso é aquele que tem os dois hemisférios igualmente inflados. Por isso é capaz de ter visões de uma realidade muito idiossincrática (onde geralmente ele tem um papel predominante) e ao mesmo tempo seu desenvolvimento do hemisfério esquerdo lhe confere a capacidade de racionalizar essas visões e de desenvolver um ferramental verbal rico e capaz de seduzir as pessoas. Nessa categoria estão desde os criadores das grandes religiões até os líderes políticos que levaram multidões às guerras, ao sofrimento e à morte. Nessa categoria também estarão os maiores sedutores/assediadores. O seu sucesso pode ser explicado pelo fascínio que essa dupla inflação de talentos provoca nos outros. Com a sua capacidade de criar e de projetar imagens de outras realidades para além da nossa mais "pé no chão", desinteressante (para muitos), enfadonha, rotineira e restrita, eles fascinam por nos fazerem sonhar, ir além dos limites que nos são impostos pela mediocridade da nossa educação, cultura e percepção condicionada. São os criadores das "ilhas da fantasia" que habitam o imaginário de muitos. Mas se fosse só isso seriam inofensivos. Como também têm o cérebro esquerdo desenvolvido, podem elaborar discursos tão convincentes, tão "coerentes", tão "lógicos" que saímos de sua companhia doidos para comprar a passagem só de ida para a tal "ilha" que ele nos "vendeu". Os assediadores/sedutores com essas potencialidades são mortíferos, pois agregam numa só ferramenta dois programas muito poderosos, por serem arquetípicos: "A reconquista do paraíso perdido" apresentada numa embalagem de palavras certeiras, precisas, cada uma por sua vez embalada por uma carga de emoção e razão numa combinação perfeita.

Morro de medo de topar com mais um desses ou de ter que defender pessoas queridas desses espécimes. Isso já aconteceu algumas vezes. Foram experiências nada agradáveis e que, apesar do aprendizado (todo mundo depois que passa diz: "Mas pelo menos valeu como lição"), atrasaram a minha vida num tempo impossível de mensurar. E ainda levei para casa, de lambuja, os indefectíveis "danos morais". Uma pessoa que saiba produzir e projetar realidades fantasiosas, mas altamente desejáveis, e defender (e vender) com astúcia suas fantasias é um perigo potencial, se sua intenção for escravizar ou oprimir.

Dezesseis

O Medo, a Solidão e o Paraíso

Algumas pessoas costumam me perguntar quais são os maiores problemas emocionais da atualidade. Mesmo sem me achar com autoridade intelectual ou *espiritual* para responder, arrisco um palpite como qualquer um poderia fazê-lo: o medo e a solidão ou o medo da solidão! Poderia até usar, para bancar a minha resposta, a experiência que tenho, ouvindo pessoas há mais de vinte anos e presenciando seus desabafos, suas crises, seus desejos. Mas não será preciso. Talvez a maioria concorde comigo que o medo e a solidão formam uma dobradinha infernal, e em seu aspecto mais radical levam as pessoas ao desespero das drogas, da bebida, da depressão, das compulsões e de outras mazelas já tão conhecidas.

Não vamos aqui entrar na discussão filosófica do medo como sinal da moralidade do ser ou como prova da sua desvinculação com a natureza, a Mãe Terra, e a sua conseqüente orfandade. Tudo isso pode ser verdade, mas também pode não ser. Quero falar principalmente da cultura ocidental, que promove, de um lado, o mito do amor perfeito, do "e viveram felizes para sempre", e do outro cria mecanismos promotores do "salve-se-quem-puder", "cada um por si e Deus por todos".

Esses programas jogam imensos contingentes de pessoas no limbo da solidão, o que gera medo, desamparo e graves distúrbios psicológico-emocionais. Quando às vezes tomamos conhecimento de seduções absurdas, incompreensíveis aos olhos da razão, podemos estar diante de uma situação desse tipo. A conspiração sociocultural empurra muitos (que também dão a sua contribuição) para a margem do clube da "felicidade eterna". Aí chega alguém que percebe a vítima em potencial e, com muito pouco esforço, lhe oferece a mão salvadora (nem sempre é a mão), que irá tirá-la desse calabouço sombrio e levá-la de volta ao paraíso social. Ali onde todos amam e são amados, têm uma identidade, são admirados, entrevistados, dão autógrafos e fazem poses com caras e bocas.

É por isso que durante muito tempo (e, segundo soube, ainda está em vigor) os lobos de plantão usavam o truque do fotógrafo de moda, ou diretor de cinema, ou "olheiro" de agência de modelos para atrair suas vítimas. Muitos podem até pensar que essas supostas vítimas caem na armadilha por ingenuidade e também por quererem galgar os degraus da fama, do sucesso, da grana etc. Acho isso secundário. Elas caíam porque achavam que aquele lobo seria o passaporte para um lugar onde poderiam ser amadas, cercadas de gente, de carinho, de admiração, e aí sim dariam adeus ao seu exílio emocional. Acredito nisso.

Acredito que ainda hoje a prostituição tenha esse apelo para muitos jovens. Seduzidos pelo apelo do sexo remunerado, sim, mas tendo como motivação oculta a possibilidade

de serem desejados de poder ocupar o vazio silencioso de suas vidas com outras vozes, com outros corpos.
Por que tanta gravidez adolescente? Ignorância de jovens de baixa renda, dirão alguns. Mas mesmo as jovens de baixa renda sabem da camisinha, sabem da pílula, e a maioria pode comprar ou simplesmente evitar. E por que não o fazem? Inconscientemente acreditam que um filho poderá mitigar a sua solidão, e será um parceiro para o futuro apavorante.
Tenho medo de bandidos, de ser pego de surpresa por bandidos perversos. Isso é um medo bem específico. Minha mulher tem horror de baratas (muito original). Mas o medo indefinido, o medo vago, amorfo, de algo que não se sabe ao certo o que é, mas que se parece com a figura de uma mulher ou de um homem só, "jogado às traças", desamado, indigente, esse medo é terrível.
É justamente esse medo que abre as portas do coração e da mente das pessoas para a figura do sedutor. Nem sempre o sedutor o é de caso pensado, com a intencionalidade que lhe valeria um agravamento de sua pena. Muitas vezes o sedutor é transformado em tal pelo intenso desejo da "vítima" em ser seduzida. Isso mesmo, muitos arrombadores de corações o foram por terem sido forçados a assumir esse papel pelas suas próprias vítimas que, no fundo, eram muito menos vítimas deles, mas de toda uma situação.
Na tevê existe um quadro em um programa de humor em que um casal está sempre metido em confusões. Ele não fala uma palavra sequer. Ela cria todas as situações e qüiproquós, apenas dizendo às pessoas o que o marido tapado deveria estar pensando. No fim ele acaba sendo escorraçado porque *fala demais*.

Sei que o exemplo não foi dos melhores, mas é algo parecido que acontece com muitas pessoas. Alguém carente, amedrontado pela solidão ou pela perspectiva dela, escolhe outro alguém para "seduzi-lo". Mesmo que o "pseudo-sedutor" não tenha falado uma única palavra, mesmo que ele não tenha feito um mísero gesto no sentido da sedução, mesmo que nem mesmo tenha pensado em seduzir, a "vítima" se encarregará de criar em sua mente o *pas de deux* necessário para uma acusação de assédio por sedução.

Já citei esse caso em outro livro, mas vou dar um *replay* aqui. Um cliente estava sendo vítima de um ataque espiritual (para quem não acredita nessa possibilidade, ainda assim vale a historinha). Vamos pular todas as partes em que cheguei a essa conclusão, pois é matéria sem conexão com este livro. Comecei a investigar o caso como se estivesse desvendando um crime: quem o cometeu? Quais os motivos? Qual foi e onde está a arma do crime etc. Cheguei à conclusão de que o pivô era uma moça jovem que ele havia conhecido em algum lugar familiar. Ele era casado e, por mais que se esforçasse, não se lembrava de ninguém. "Uma ex-namorada, talvez? Uma moça com quem havia tido um caso? Uma admiradora secreta rejeitada?", interroguei. A resposta era sempre não, não e não. Ele afirmava andar "na linha" desde que se casara, de não ter tido mais nenhum "caso" fora do casamento. Continuei insistindo e ele finalmente lembrou: a secretária da escolinha onde seu pimpolho estudava. No começo do ano flertara com ela, passara a mão em seu cabelo, dera uns beijinhos, e só. Mais tarde descobri (não me perguntem como) que essa moça havia estado profundamente apaixonada por ele, que fizera planos, habitara suas fantasias e se sentira traída, magoada, quando ele passou a agir normalmente com ela. Na sua leitura emocional, ela havia sido "seduzida e abandonada". Um beijo para ela significou uma declaração de amor completa, com começo, meio e fim. Um olhar de atenção havia tido o peso de um "contrato de boas intenções" registrado em cartório, um aperto de mãos mais caloroso (para ele havia sido igual a todos os outros apertos de mãos), o sorriso então... Aí vocês vão dizer: "Como você é ingênuo, ele a seduziu, sim, e depois quis tirar o corpo fora." Não, ele realmente não fez nenhum empenho maior nesse sentido, ela o fez pelos dois. Talvez tenha sido um pouco leviano, talvez tenha exercitado os seus residuais dotes de sedutor avulso, mas nada que uma pessoa madura não pudesse "ler" da forma certa. A figura da jovem solitária, sem o suporte de um ambiente familiar acolhedor, sem uma beleza mais marcante, vivendo uma vida sem graça, mediana em tudo, contém os ingredientes suficientes para fazer andar essa receita. Frases do tipo "Sei que você não me ama, mas o meu amor é tão grande que dá para nós dois" são típicas desse modelo. Esse é um outro aspecto do complexo processo de sedução. Parafraseando o velho ditado "a ocasião faz o ladrão", podemos dizer que em alguns casos o *seduzido faz o sedutor*.

O medo da solidão ou a solidão do medo é o vilão dessa doença emocional gravíssima que leva as pessoas a colocarem o seu pescocinho sob os caninos dos vampiros. Às vezes ouvindo os relatos dos meus e das minhas clientes ou de pessoas apenas conhecidas, penso: incrível como foi conduzindo o outro sutilmente a se tornar seu sedutor-algoz. Ela diz que partiu dele a iniciativa de começar a "cantada", mas não menciona as coordenadas, pistas, dicas e incentivos velados que lhe passou antes mesmo de ele percebê-la, o famoso sinal verde pré-verbal. Se fossem levar o caso à esfera policial/judicial, ele estaria ferrado. Todas as provas visíveis do comportamento sedutor estariam contra ele. Ele, sim, deixou rastros. Como colocar sobre a mesa os sorrisos carregados de mensagens? Como colocar os pequenos gestos de aproximação, de autorização e de incentivo? O olhar... Ah, aquele olhar cheio de promessas, de quase súplicas, de entrega... Não, isso seria impensável numa abordagem racional, fria.

No meu livro, *Dormindo com o Inimigo*, falei extensamente sobre os motivos que levariam uma pessoa a abrir as portas de sua vida e entregar o seu destino a um inimigo, um antagonista que muitas vezes entra na sua vida para destruí-la literalmente. Não há uma resposta simples, única, principalmente para alguém como eu que acredita no mundo espiritual. Falei dos aspectos culturais que determinam (no Ocidente, principalmente) uma urgência amorosa, a cultura do *love is in the air* e que tange as pessoas. Falei também dos aspectos emocionais (intimamente ligado aos culturais), que criam brechas de fragilidade através das quais penetram as mensagens do tipo "cavalo de tróia". Os aspectos espirituais também tiveram o seu espaço. Não posso deixar de reconhecer a força dos "vínculos espirituais" preexistentes entre as pessoas, nem sempre criados de forma positiva. Vinganças, acertos de contas, ódios, paixões não correspondidas e mais uma série de passivos herdados de vidas passadas também compõem o pacote de atração fatal entre parceiros do "crime". Assim como em outras manifestações da alma humana, não há somente um fator responsável ou explicativo dessa mecânica sentimental. Coloque tudo isso no caldeirão das emoções e expectativas, mexa bastante e verá o que sai.

Tenho percebido o crescimento de um movimento de reação a esse tsunami emocional que arrasa tudo à sua frente. Um número cada vez maior de pessoas trabalha (ou já vem assim de fábrica) a personalidade "objetiva". Essa tentativa de ser puramente racional, puramente cabeça, para evitar os picos das experiências emocionais e principalmente os seus abismos, pode ser uma tendência atual ou apenas um fogo-fátuo.

Encontro pessoas que me dizem: "Desconfio das pessoas altamente passionais, quero-as longe da minha vida." Ou: "Se tiver de escolher entre o amor da minha vida e a minha carreira, fico sem pestanejar com essa última." Ou ainda: "É sério, não estou em busca de uma paixão, de um amor daqueles de se rasgar toda, de se descabelar; ao contrário, quero uma relação serena, adulta, pensada, nada de arrancar o coração para entregar numa bandeja dourada ao ser amado. Quero uma relação governada pela razão." Tenho ouvido muito disso ultimamente. Acho que pode sim ser uma tendência, mas me declaro incompetente para dar um veredicto.

O sofrimento de tantos amantes ou de esquecidos do amor deve ter soado o alerta geral. Coisa do tipo "meus vizinhos das casas ao lado foram assaltados; vou mudar para um edifício". Algumas almas mais maduras cansaram-se de repetir à exaustão enredos trágicos, sempre tendo o coração como motivador da dor. Chega uma hora que dizem: "Basta! Não brinco mais!" A atitude da raposa que depois de tentar desesperadamente alcançar o cacho de uvas, sem conseguir, e que por fim disse para si mesma "Tudo bem, elas estavam verdes mesmo" é chamada pela psicologia de dissociação cognitiva, o que diminui a frustração do insucesso, mas será que é honesto? Por que é tão importante assim ser honesto consigo mesmo? Encontrei uma velha conhecida depois de quase trinta anos e ela me disse: "Não casei, não tive filhos e hoje sei que foi a melhor das decisões. Antes só do que mal-acompanhada." Será que foi mesmo uma decisão, daquelas que se tomam depois de uma intensa deliberação da diretoria? Ou ela estava apenas dizendo que as uvas estavam mesmo verdes? Ela pode ter sido realmente muito exigente, criando um padrão de relacionamento fora de alcance, numa atitude cerebral, colocando o coração atrás da guarda da mente racional. Ela pode ter evitado de forma consciente algumas armadilhas sentimentais que seriam a sua ruína. Ela pode ter sido alvo de sedutores-assediadores e ter saído ilesa dessas situações ou simplesmente não ter sido tocada pela turma do Cupido, qualquer um deles. Depois de tantos anos, já quase ultrapassando os sessenta, ela pode se dar ao luxo de fazer esse balanço. Chorar de noite o vazio de sua vida ou acender uma vela agradecendo não ter tido a desdita de suas irmãs, da sua empregada ou, ainda, da filha da vizinha seduzida por um traficante e morta aos dezessete anos, grávida de gêmeos. Não existe, porém, uma só garantia de que, ao adotarmos uma conduta racionalizante dos sentimentos, estaremos blindados contra as desventuras do amor ou seremos mais felizes. Nada há de garantido que a opção pela carreira profissional será menos dolorosa que a dramática "larguei tudo por amor". Não há garantias de que o império da razão seja superior ao império dos sentidos. Mas uma coisa eu garanto: se apenas o coração ditar as direções, se você se deixar levar como uma folha ao vento pelas emoções e sentimentos, na sua maioria ilusórios, culturais ou fantasmagóricos, cairá em desgraça mais cedo ou mais tarde.

Depois de tantos anos observando o drama humano dos sentimentos em conflito, inclusive os meus, posso dizer que o melhor caminho, não o único, não o absoluto, é o do equilíbrio: colocarmo-nos por inteiro nas negociações decisivas da nossa vida, deixarmos fluir os sentimentos, mas sempre acompanhados pelo irmão mais velho: a razão. Os vilões só prosperam porque escolhem as suas vítimas entre aquelas que o despreparo, a imaturidade ou o desespero levou a desligar o alarme da razão, do bom senso. Assim como os grandes felinos escolhem as suas presas entre os animais que se afastaram da manada, os filhotes (inexperientes) ou os já feridos, o afastamento da cabeça pensante pode ser fatal. A analogia com o alarme, no entanto, é mais acurada. Muitas pessoas desligam o alarme porque acham que ele espanta os possíveis visitantes. Em momentos de tamanho desespero e solidão até um ladrão seria bem-vindo!

Podemos escapar desse destino cruel? Há como deixar de ser uma presa desgarrada da manada social? A solidão pode deixar de ser a companheira diabólica e a cúmplice das seduções?

Acredito que há, sim, uma possibilidade. Ou, melhor, várias possibilidades.

Embora eu creia no fator espiritual da solidão crônica, não posso aceitar o seu caráter fatalista. Todos podemos reescrever essa história de final sabidamente infeliz. Uma alma solitária criada pelo medo tem vários componentes formando a sua base. O primeiro é o binômio egoísmo-egocentrismo. Desenvolvidos desde a infância, a visão e o comportamento egoísta, comuns entre crianças pequenas, deixam de ser aceitáveis se prosseguem até a idade adulta. A característica principal desse comportamento é "tudo pra mim e... quem é você?". O egocêntrico nem sempre é egoísta também; às vezes, o seu egocentrismo produz até muita generosidade. Mas quando as duas faces se juntam estamos diante de alguém condenado à solidão, mesmo que venha a se casar e a ter filhos. A sua solidão será das mais cruéis porque atrairá apenas dois tipos de gente: outros aleijados emocionais e os predadores ávidos por se apoderarem dos "tesouros" que tão obcecadamente amealharam. Na vida dos egoístas-egocêntricos, quando existe alguém, é sempre a má companhia. Para tal personalidade que quase nada dá, que não partilha, que não sabe o sentido da palavra *generosidade*, quem quer que esteja ao seu lado estará sofrendo ou fazendo-o sofrer. A maioria estará absolutamente só. E nem podia ser diferente. A lei social, principalmente a do amor, é a troca, a constante ciranda do dar e receber. Mostre-me uma pessoa generosa, acolhedora, compartilhadora que lhe direi — você está diante de alguém cheio de amigos, aliados, admiradores. Gente saudável atrai gente saudável; diga-me com quem andas...

Naturalmente, se você é um egoísta-egocêntrico e alavancado por essas "qualidades", chegou a algum tipo de poder, terá à sua volta um magote de gente, os famosos parasitas do poder, seja ele qual for. Muitos bandidos sórdidos, mesmo encarcerados, mantêm um séquito de seguidores e aliados do lado de fora e usam do terror teleguiado para manter seus domínios. Mas não estamos falando aqui desse tipo de gente. O egoísmo é um bumerangue perverso. Começa com o medo de perder qualquer coisa, desde a chupeta até o amor da pessoa amada, e prossegue se autor-reforçando cada vez que o fluxo natural da existência tira da vida do egoísta aquilo que passou do prazo de validade. Assim, quando perde a chupeta, berra, esperneia, achando que nunca mais terá uma outra na vida. Quando por algum milagre aparece outra, trata de protegê-la com unhas e gengivas. Na sua linguagem de bebê, ele diz: "Não empresto, não dou, não vendo e nem deixo olhar." Se a chupeta cai no chão, ele se apressa a pegá-la e colocá-la no território seguro da sua boca. Sorri satisfeito e diz: "Isso aqui é MEU!" Se aprendeu bem a lição, vai fingir que a perdeu para ganhar outra, e assim fará uma coleção (reserva estratégica) para tempos difíceis. É claro que a montagem desses esquemas requer investimento, energia, vigilância e quase que invariavelmente o desenvolvimento da paranóia ("Tenho certeza de que aquela menina ali sabe onde eu guardo as chupetas e deve estar só esperando um descuido meu para roubá-las").

Deu para sentir como se tece uma solidão a partir do medo-egoísmo? Algum leitor mais atento vai arregalar os olhos com seu *eureca* pessoal: "Mas essa atitude é completamente irracional. Se ao perder a chupeta viu outra chegar para substituir a perdida, devia entender também o jogo *do que vai, volta*." Parabéns, leitor afiado, mas bebês não fazem uso dessa bênção dos humanos adultos que é a Razão (estou sendo irônico). Donde podemos concluir que esse pensamento-comportamento nos adultos é profunda e absolutamente IRRACIONAL. Ah, será que ouvi você dizer alguma coisa sobre ciúmes? Sim? Mas, é claro, o ciúme faz parte desse esquema, e, quanto mais apegado à chupeta, mais ciúmes vai ter dela. Ironicamente, o medo de perder leva não só à perda, como também transforma as perdas naturais num acontecimento trágico, traumático, que vai endossar todo aquele comportamento irracional de apego egoísta.

Quando alguém monta esse tipo de esquema, ou seja, volta-se para dentro, desenvolve uma atitude de carcereiro de suas extensões, passa a ser mais uma vez, ironicamente, presa fácil dos predadores de plantão. E isso é muito fácil de entender. Quando nos voltamos quase que exclusivamente para o nosso umbigo, o amadurecimento se torna mais retardado em relação ao resto do mundo que interage e se volta para o sistema de trocas sociais. Se as nossas emoções e sentimentos são do tipo "chupeta do neném", tudo que podemos dizer ao mundo sobre nós fica do lado de fora, estampado feito tatuagens, como se fosse um mapa ostensivo que qualquer um pode ler e seguir. Há uma perda de Quociente Emocional.

As programações egoístas são simplistas como a do sapo, que só pega os insetos se eles estiverem em movimento; do contrário, morre de fome. Não confiamos em nada nem ninguém, pois cada um é uma ameaça em potencial a tirar o que é nosso, a roubar nossos tesouros. Por isso é tão simples ser seduzido e abandonado em seguida pelos profissionais. Eles nos decifram (coisa que não é das mais difíceis tarefas) e nos devoram.

Como é fácil chegar para um egoísta e dar-lhe o alimento que ele espera. Quando o egoísta está bem rodado, e o desespero está subindo os degraus de sua casa, fica mais fácil ainda. É interessante notar nessas relações uma situação aparentemente bizarra aos olhos desarmados de perícia. Quando um "profissional" (mesmo que não seja um profissional do golpe, mas um sedutor experiente e mal-intencionado) consegue estabelecer uma relação proveitosa (para ele) com um egoísta-egocêntrico, costuma acontecer uma fratura radical no comportamento do egoísta. Ao mesmo tempo que o egoísta continua agindo, muitas vezes de forma até mais intensa, egoisticamente com as suas vítimas, vai demonstrando uma atitude que a muitos surpreende, de generosidade com o seu sedutor.

Um grande empresário, viúvo e megaegoísta-egocêntrico encontrou, depois de um fase de solidão, uma namorada bem mais jovem. Ela vinha de uma família humilde e empenhou todos os seus talentos na sedução do velho e poderoso milionário. Foi interessante ver aquele homem de origem germânica sempre frio, duro, meticuloso, implacável com seus funcionários, fornecedores e devedores se derreter como cera diante da jovem morena. Pude observar esse relacionamento de longe, mas perto o suficiente para ver essa "fratura" comportamental. Para ele havia sempre uma generosidade incomum. Calava-se diante das crises de raiva e das ofensas dela. Cedia. Vergava. Mesmo com provas explícitas das "más intenções" da moça não resistia à tentação de atender ao telefone (quando não era ele que rompia o silêncio e ligava) para aceitar as desculpas dela, como uma criança que recebe a visita de Papai Noel.

Mas será que esse estado de "o amor é lindo" amoleceu o coração do agressivo empresário? Naturalmente que não! Recusou um aumento de vinte por cento para a recepcionista que trabalhava com ele há muitos anos e tinha uma vida bastante sofrida. Fora isso, mandou cortar alguns benefícios de funcionários antigos, ficou mais rigoroso no controle de pequenas despesas, coisas como cortar o cafezinho, piorar a qualidade do papel higiênico, retardar a troca de mobiliário avariado utilizado pelos funcionários, e coisas assim. Para a namorada eram jóias caríssimas, apartamento, carro, viagens nacionais e internacionais, e uma fortuna para os detetives particulares vigiarem os passos dela. É claro que casamento estava fora de cogitação, porque ele não seria capaz de atropelar as barreiras sociais e trazê-la para dentro de sua vida. Isso, aliás, é típico do egoísta-egocêntrico. Ele queria estar na vida dela, mas não a queria dentro da sua. Todos à volta dele percebiam como ela o manipulava para obter mais vantagens e conquistar uns pedacinhos de status. Mas essa aparente fragilidade era localizada; fora do perímetro de influência da jovem namorada ele continuava a exercer o seu domínio tirânico sobre tudo e todos.

O egoísta-egocêntrico, mesmo quando tem alguém ao seu lado, nunca está saciado, nunca consegue dormir com aquele sorriso de serenidade, comum aos que amam e se sabem amados. A sua mente enrugada não permite. Está constantemente temendo perder a sua chupeta afetiva, e mesmo em momentos em que não paira sobre ele uma ameaça desconfia e se inquieta. E por que isso? Porque é praticamente impossível fechar essa conta: TIRAR O MÁXIMO DO OUTRO DANDO O MÍNIMO DE SI. Sempre vai faltar. Na cabeça do egoísta ele sempre dá mais de si (pensa nas jóias, no carro, no que proporciona em termos materiais) e recebe menos do outro em troca. Há para ele uma sensação permanente de estar sendo lesado, daí o desconforto, o desassossego. Ele se defende de todos (que paranoicamente ele pensa) que estão em campo para lesá-lo, para tirar o que é seu, para prejudicá-lo; só não tem defesas contra aqueles que realmente têm essa intenção expressa e uma estratégia definida para isso. Na verdade, há nesse caso um tipo de justiça poética em andamento. Os sedutores-predadores fazem o papel do anjo justiceiro, embora estejam cometendo a sua cota de injustiça. Para mim, cada vez que uma relação dessas se estabelece com o seu final previsível vislumbro a chance de uma mudança de comportamento no egoísta-egocêntrico, mas devo confessar que isso raramente acontece. Ao contrário, quando, por fim, os véus do encantamento sedutor caem, o egoísta se vê mais despojado e mais só. Isso só alimenta suas convicções egoístas de que "todo mundo" só quer lesá-lo, e precisa, então, fortalecer suas defesas. Assim se cria uma cadeia de reforços aprofundando a neurose, podendo transformá-la em psicose, mas nem assim o egoísta irá se livrar de uma nova armadilha de sedução.

Mudar o eixo psicológico e espiritual de uma pessoa com essa inclinação é uma tarefa quase impossível; se existir uma chance, essa é a via do amor verdadeiro. Acredito que um grande e verdadeiro amor pode abrir uma brecha nesse esquema perverso. Há outras possibilidades? Claro que sim, mas todas estão na prateleira das dores e do sofrimento atroz. O trabalho de terapia ou autoterapia também é uma improbabilidade, uma vez que até hoje não conheci ninguém com esse perfil que admitisse a necessidade de um tratamento. Em outras palavras, o egoísta-egocêntrico não se vê como disfuncional. Não, o problema sempre são os outros. Mas alguém com esse tipo de personalidade tem poucas chances de ser feliz ou ser um difusor de felicidade. Mas é sempre um prato feito para os sedutores-predadores.

Outro segmento do vasto leque de personalidades humanas é o pressuroso-ansioso P. A. Como sugere a palavra *pressuroso,* sua raiz vem do latim *pressura* (pressão). Assim, estamos diante de alguém que tem pressa e ansiedade constantes, está sempre submetido a uma pressão! O P. A. está sempre querendo muito, de forma avassaladora, e não quer ou não tem paciência para esperar. Ele ATROPELA! Como se sente pressionado, pressiona todos à sua volta.

A ansiedade quando é crônica, exagerada, interfere na conduta da pessoa, tornando-se um traço marcante de sua personalidade; é uma porta escancarada para a entrada do sedutor-predador. No livro *Solidão Nunca Mais,* traço o perfil do ansioso e o peso dessa ansiedade na construção de sua solidão. Aqui novamente estamos diante do medo como pedra angular desse comportamento. O medo de perder o trem, de perder a oportunidade, de chegar tarde na festa, de ficar só com as sobras, de não ser escolhido para sentar nas primeiras fileiras. Por isso, o medo é o oxigênio que alimenta a chama da ansiedade.

O P. A. tem quase sempre características vampirescas, ele quer sugar tudo do outro e... rápido. Por isso, acaba caindo naquele velho ditado: "O apressado come cru e quente." Não só come cru e quente, como em sua corrida insana pode comer aquilo que o sedutor colocar à sua frente. Na ânsia de tomar todas, ele pode acabar tomando veneno e comprando gato por lebre. A brecha para a entrada do sedutor-predador está justamente aí: o P. A. está sempre desejando pressurosamente algo, e está atrasado em relação a algum organograma alienígena. Assim, um oportunista/sedutor vai poder perceber o *timing* certo para encaixar o seu canto de sereia. A ansiedade parece ser uma característica marcante dos nossos tempos, principalmente nas grandes cidades. Mas é com o ansioso crônico, aquele que desenvolveu uma alta ansiedade, que vamos ver essa fragilidade, que permite a um sedutor oferecer um alívio.

Dezessete

O Seduzido Cria o Sedutor

Já falei como "a ocasião faz o ladrão" e o seduzido cria o sedutor. Falei também de como na criação da personalidade sedutora masculina o papel da mãe é fundamental. Mas precisamos novamente ir fundo e buscar as origens de tudo.

A mãe, seduzida pelo bebê, encena durante os anos iniciais da vida da criança um ritual em que ela o alimenta de tal forma com atenção, afeto e cuidados que acaba criando nele um mecanismo de eterno *quero mais*. Como dizia Machado de Assis, "o menino é o pai do homem"; assim, tudo que é programado nesse estágio, em que os caminhos ao inconsciente estão escancarados, terá grandes repercussões na vida desse futuro adulto. Essa é uma parceria que junta a fome com a vontade de comer. Em geral, estamos falando de mães carentes, imaturas ou com seu lado infantil altamente desenvolvido. A criança, no caso o menino, inicia um processo de associação de sua gratificação (mimos, voz modulada, toques sensoriais, alimentação, higiene etc.) com a sua capacidade de fazer o que a mãe espera: sorrisos, movimentos dos bracinhos e perninhas e, mais tarde, risadas.

Assim, uma troca de mimos se estabelece. O menino "aprende" que precisa cativar/seduzir a mãe/mulher para receber a sua parte em prazer e gratificação. Na maioria dos casos isso se torna um script que, dependendo de outras variáveis, pode construir um sedutor. A mãe adora aquele "pequeno deus de carne e osso" e lhe cobre de estímulos prazerosos. Isso se torna uma necessidade (como um vício), conseqüentemente ele irá continuar a fazer o seu papel de pequeno deus para continuar recebendo as atenções e carinhos das pessoas à sua volta.

Abro aqui um parêntese para colocar a magistral teoria de Freud a esse respeito. Ele diz que: *Pode ser facilmente observado que em cada campo da experiência mental, não apenas na área da sexualidade, quando a criança recebe uma impressão* (no sentido de ter alguma coisa impressa), *ela tem uma tendência a produzir uma reação ativa. Ela tenta fazer consigo mesma o que acabou de ser feito com ela.** Em seguida ele dá um exemplo prático que serve como uma luva para o nosso argumento: *Quando um médico pede à criança para abrir a boca a fim de examinar a sua garganta, apesar da sua resistência, essa mesma criança, assim que o médico for embora, irá brincar de ser ela mesma o doutor e repetirá a 'agressão' em um irmão ou irmã mais nova, que estará tão indefeso em suas mãos quanto ela esteve nas mãos do médico. Aqui encontramos uma indiscutível revolta contra a passividade e uma preferência pelo papel ativo.*"**

A criança (estou aqui centrando a atenção nos meninos, pois é neles que essa impressão produz efeitos mais devasta-

---

* Sigmund Freud, *Three Essays on the Theory of Sexuality and Other Works*. Penguin Books, 1977, p. 383. Londres. Tradução do autor.
** Idem, p. 384.

dores) recebe aquela carga "massacrante" de cuidados, carícias, beijos, lambidas, apertos, palavras moduladas típicas de processos de sedução e... hipnose. Assim que puder, ele irá reverter esse programa passivo para um em que terá o papel ativo. Tudo acontece num nível sensorial de gratificação imediata. Por isso os sedutores que foram cevados desde a mais tenra idade são tão imediatistas, ansiosos. E, quando querem algo ou alguém, querem para já, querem agora, e não lidam nada bem com as postergações ou negativas.

Mas, atenção: não estamos falando apenas das demonstrações sempre visíveis, explícitas de amor. As manifestações do verdadeiro amor materno nem sempre coincidem com afagos, agrados e gratificações constantes. Às vezes, provocar frustração e contrariedade nesse organismo ainda incipiente também é demonstração de amor. Quando uma mãe madura coloca o bebê no seu berço para dormir e tem de lidar com o choro de revolta e de desespero dele (que prefere ficar no colo), ela sabe que isso é mais que amor, É EDUCAÇÃO. Sabe da necessidade de preservar o seu "outro" espaço, a sua vida íntima com seu parceiro e fazer amadurecer o bebê, treinando-o paulatinamente em sua autonomia.

Isso é um duro golpe no egocentrismo do bebê, e outros serão necessários para que amadureça e não fique um bebezão a vida toda, achando que tudo e todos só existem para satisfazer as suas necessidades imediatas. Mães que não conseguem confrontar seus filhos pequenos com a frustração do NÃO PODE estão construindo monstros. Quando não tiverem o que desejam, vão querer tomar na marra (se forem fortes o bastante) ou cairão em prostração profunda (se forem mais fracos).

Assisti a um programa de tevê em que uma superbabá vai socorrer pais debilóides, ou seja, completamente despreparados para a maternidade/paternidade. O programa mostrou uma mãe dominada pelos filhos pequenos, mas de uma forma tão flagrantemente tola que fiquei revoltado. Ela reclamava que as crianças eram mal-educadas, não a obedeciam, batiam em seu rosto etc. As cenas mostravam isso. Percebi, pelo que foi mostrado, uma falta completa de disposição para educar aliada a uma necessidade de não se confrontar com as crianças, principalmente com os meninos. A queixa do pai a descrevia como muito permissiva, "boazinha", e por isso sobrava para ele o papel de durão, de impor a disciplina de forma dolorosa. O que vi foi uma demonstração inequívoca de uma mulher dedicada a fazer o papel da sedutora/seduzida. Como uma mãe sedutora/seduzida poderia impor uma disciplina mais severa e exemplar a seus filhos? Como ela poderia impor-lhes uma frustração dizendo não ou punindo-os com castigos restritivos por suas péssimas ações? Simplesmente não combina. Esse menino corre um sério risco de vir a ser um sedutor contumaz, sempre esperando que as suas vítimas sejam tão lenientes quanto a sua mãe. Ele pode vir a ser o tipo de sujeito que magoa, fere, humilha e, quando percebe que a corda do outro está a ponto de arrebentar, vai lá e faz o segundo tempo do jogo da sedução: "Me perdoa, querida. Eu sou um estúpido mesmo. Eu sou um grosseirão que não sabe agir com uma pessoa tão doce como você. Estou fazendo tudo errado, e estou a ponto de perder a única pessoa que realmente me ama nessa vida. E que, é claro, eu amo muito." Esse foi o script que ele aprendeu com a mãe indulgente e moralmente flácida. Se essa mulher hipotética aceitar esse joguinho primário, graças a uma combinação de burrice extrema e carência aguda, estará ferrada; o resultado disso será MUITA INFELICIDADE, DOR E FRUSTRAÇÃO.

Assim, é preciso que separemos as coisas: o carinho de mãe não cria vampiros sedutores por si só. É a indulgência, a carência materna crônica, a inconsciência a respeito do tipo de ser que ela quer ao seu lado que fazem a diferença. Assim, o gatilho para muitos homens sedutores é a presença de uma *mulhermãecarente* potencial diante dele. Como não recebeu amor de verdade, ele não saberá dar conta desses sentimentos. Ficou surpresa? Claro, seduzir nada tem a ver com amor diretamente. O amor é por si só sedutor, como já falei ao discutir as diferenças entre sedução e conquista amorosa. Essas crianças abduzidas pela sedução materna, em sua grande maioria, SERÃO SEDUTORAS, MAS NÃO SABERÃO AMAR, nem mesmo se deixarão amar verdadeiramente.

Se amar implica também ser crítico, também dizer a verdade, expor de forma sincera os seus sentimentos, isso passa ao largo da programação do sedutor. Este, ao passar pelo longo processo de sedução materna, só conviveu com a aceitação (quem cala consente) do seu comportamento. Imagine se um sedutor vai aceitar que a sua parceira (ou o amigo de quem gosta de verdade) lhe aponte o dedo crítico! Dizer não aos desejos de um sedutor é assinar a própria "sentença de morte". Se sua mãe não lhe disse não, imagine se *umazinha* qualquer vai ter essa ousadia...

Muitos homens que cometem violência sexual são sedutores ao avesso. Talvez até não tenham tido mães indulgentes, talvez nem mesmo tenham tido mães, mas aprenderam com alguém que os seus desejos não devem ser contrariados. Alguém ou algo os encorajou a "ir lá e pegar" o que desejam. Para que ter o trabalho de conquistar se posso tomar na marra?

Eles são os "profundamente seduzidos", tão profundamente que são capazes de ler na testa da sua vítima uma mensagem encorajadora: "Por favor, me violente." Muitos desses espécimes já tomados pela patologia afirmam ter sido chamados ou convencidos pela vítima a fazer a "coisa" ou então ouvem outras vozes que os ordenam a partir para cima da "escolhida". A uma programação cultural machista soma-se um desvio claro e inequívoco de sua psicologia pessoal, ou seja, junta-se a fome com a vontade de comer.

Uma velha conhecida foi, durante muitos anos, vítima de uma tentativa de estupro por um motorista de táxi no Rio de Janeiro. O crime só não se consumou porque ela lutou tão bravamente que seus pés acionaram o botão do pisca-alerta do carro, o que acabou alertando os seguranças que estavam por perto e prenderam o marginal. Alguns dias depois eu estava justamente num táxi no Rio e, para passar o tempo, comentei o fato com o motorista. Ele argumentou que a vida deles era muito difícil, que eu nem sequer imaginava as provocações que a "mulherada" fazia naquele banco traseiro. E que ele não condenava o motorista preso. Dei corda para ver até onde ele ia. "O senhor não conhece essa "raça"; elas entram aqui e começam a reclamar do marido, do namorado, dando um monte de indiretas, se insinuando... aí, quando a gente finalmente resolve agir como homem, elas recuam, dizem que não é nada disso, que a gente entendeu errado. Na verdade, querem apenas tirar onda com a nossa cara. Mas, às vezes, chega num ponto..." Quando ele percebeu que ia "passar do ponto", parou e se recompôs. Pelo tom apaixonado da defesa do colega, percebi que ele mesmo já deveria ter tido uma experiência daquelas. Esses são casos de sedutores sem tempo para seduzir. Sem disposição para lidar com a negativa, com a frustração e com aquele sentimento infantil de onipotência (claro que a certeza da impunidade e outros componentes também entram para enriquecer a fórmula).

Como muitos autores já perceberam ao longo da história, a fina ironia desse modelo é que a mulher é a modeladora desses comportamentos e também a sua vítima preferencial.

Não me atreveria a dizer que existe uma fórmula para que as mulheres escapem desses ofensores sexuais, nem recomendo a atitude corajosa e salvadora da minha amiga carioca. Grande parte das mulheres que reagiram acabou morta ou mutilada, mas outras escaparam e, portanto, não se pode instituir um padrão de conduta que sirva para todas as ocasiões. Mas é possível, sim, estabelecer um rol de princípios para as que desejam escapar dos sedutores/assediadores. É preciso que haja um ponto de convergência entre nós, antes de mais nada. É muito importante entender que essa relação baseada apenas no fascínio da sedução não se desenvolverá em amor verdadeiro. Pode até virar paixão, pode até ser adoração, mas pela sua própria natureza não será amor, a não ser que venha a evoluir, o que acredito ser muito difícil. Relacionamentos baseados no jogo de sedutor/seduzido são infantis, imaturos, não resistem às cutucadas dos espinhos humanos. Relacionamentos que só duram enquanto estiverem baseados em aprovação incondicional e sistemática são fantasiosos.

A primeira pergunta que você, mulher, precisa fazer a si mesma diante de um possível envolvimento é: "Que modelo de relação amorosa eu quero para a minha vida?" A segunda deve ser: "Essa pessoa age como um homem maduro e independente emocionalmente ou não?"

E continua se perguntando: "Ele dá demonstrações de ser ainda um menino mimado, (mal) acostumado a ser atendido prontamente em todas as suas necessidades?"

"Eu estou disposta a recusar o papel de mãe solícita, sedutora/seduzida, mesmo correndo o 'risco' de perder esse sujeito?"

"O meu histórico é de uma mulher facilmente seduzível?"

"Os meus melhores sentimentos podem ser despertados por qualquer um que saiba apertar os botões certos? Que saiba falar as palavras-chave/senhas?"

"Serei eu realmente uma 'presa' frágil em busca de um predador medianamente competente?"

Essas perguntas são importantes no processo de autoavaliação das nossas chances verdadeiras de amar e ser amado.

A experiência me diz que as mulheres "presas fáceis e frágeis" dos sedutores infantis passam a vida numa espécie de sonho. A solidão é o ponto final dessa viagem. Mas antes fosse só a solidão, essa casa vazia e silenciosa. O resultado é a solidão *animada* pela amargura, pelo ressecamento do coração (e da pele), pelos rancores e ressentimentos alimentados contra os *Ricardos*, os *Alexandres*, os *Edmilsons* e outros. Não é um lugar legal esse estado de miséria afetiva. Mas foi construído. Foi tecido com paciência e insistência num modelo que se provou equivocado várias vezes, uma canoa furada após a outra. Você não afundou, não se afogou, mas viveu apenas se safando e não construiu uma relação que frutificasse, engrandecedora.

Dezoito

O Sedutor Ensandecido (ou o Sedutor/Psicopata)

Lendo a biografia de Jung escrita pela norte-americana Deirdre Bair, vi que ele foi chamado a discutir e a teorizar sobre Hitler e o nazismo, que o pegou em plena maturidade, por volta de 1930 em diante. Em uma entrevista a um jornal suíço, ele disse mais ou menos assim: *Em tempos normais tratamos* (eles, os psicoterapeutas) *os psicopatas; em tempos de guerra eles nos governam.*

Não há como negar que Hitler foi um colossal sedutor. Quem conhece alguma coisa da vida desse assassino alucinado sabe que milhões de alemães (e de outras nacionalidades, inclusive brasileiros) instruídos e cultos entraram na dele. As mulheres sentiam as mais diversas manifestações de arrebatamento diante da figura.

Mas o que ele era? O que ele tinha que o tornava um sedutor radical? Não vale dizer que era o poder, pois mesmo antes de chegar a ser o *Führer* máximo da Alemanha ele abrira seu caminho seduzindo (massacrando adversários também, mas não me consta que ele tenha matado alguém com suas próprias mãos, a não ser na Primeira Guerra Mundial, e há quem duvide) as pessoas certas à sua volta. Também não pagou o serviço sujo; quem fez o que fez foi por "amor" a ele e à causa, pois acabou seduzido irrefreavelmente.

Todos os dias, micro-Hitlers saem de casa em todos os cantos do mundo. São homens (principalmente) e mulheres que têm *aquele* brilho no olhar, o tique sutil de ranger os dentes, morder o lábio inferior ou fechar os punhos com força. Eles são os alucinados, os anjos caídos da sociedade, que estão na vida com propósitos muito diferentes (embora afirmem o contrário) dos da maioria da população. Eles querem algum tipo de poder, querem porque querem, porque se acham os escolhidos ou então se acham lesados de forma desonesta ou covarde, estão em campo para pegar de volta com juros e correção. Esses psicopatas são sedutores justamente porque são psicopatas e não estão institucionalizados em hospitais e clínicas psiquiátricas. Eles estão à solta e seu poder insano é o que lhes confere essa aura de sedução.

Como vimos no capítulo *Os Gurus Perversos* existe um fascínio que esses tipos exercem sobre algumas pessoas. Não sei se há algum estudo explicando as razões desses "fascínios", mas deve ter algo a ver com o risco que representam. Talvez haja, no fundo da mente de muitas pessoas (mais das mulheres que dos homens), um programa que as incite e excite diante do perigo. Talvez isso se deva à ausência de riscos, que a sociedade moderna propiciou à mulher, ou a outros fatores mais profundos para os quais a minha mente limitada não consegue atinar.

Mas o fato é que há uma área comum onde os psicopatas se encontram com os sedutores, e nela se forma um coquetel explosivo, e quem beber vai se dar muito mal. A grande vantagem do sedutor psicopata em relação às pessoas desprovidas desses combustíveis extras (viram como fui politicamente correto e não falei de pessoas "normais"?) é a sua falta de *travas morais*. Eles não têm os mesmos freios sociais, morais, éticos que a maioria das pessoas. Nesse ponto podemos dizer que são mais "livres", e muitos têm a sensação ou certeza de poder tudo. Isso passa para as suas vítimas. Há também algo de animal/predador neles. São capazes de farejar as melhores vítimas, aquelas que vão oferecer menor resistência ou que tenham mais a perder num eventual confronto.

Um desses citado no capítulo *Os Gurus Perversos* tem uma história incrível que agora, quase quarenta anos depois, já pode ser contada sem comprometer ninguém. Ele era membro proeminente de uma instituição espiritualista. A moça que o assessorava, jovem, rica e casada, acabou caindo nas suas garras. Embebedada por todo aquele coquetel do qual falei antes, tiveram uma relação que não se limitou ao sexo. Ele conseguiu que ela o financiasse por algum tempo. Um dia, não sei por que motivo, ela começou a cobrar o dinheiro emprestado. Nesse momento o marido dela recebeu uma *carta anônima* em que era descrita em detalhes sórdidos a traição da mulher com o tal guru. Isso provocou um *frenesi* generalizado e um rompimento definitivo dela e da sua família (que nessa altura já estava também enredada pelo guru) com o tal sujeito.

Quando tomei conhecimento do caso, foi-me informado que a carta havia sido periciada por um grafologista da polícia e, sem a menor sombra de dúvida, havia sido escrita por ele, o "guru"! Isso provocou uma perplexidade em todos (a essa altura o pessoal da instituição já estava sabendo de tudo). Mas por que ele fizera aquilo? Por que se autoincriminava? Com que finalidade?

Simples, meus caros amigos. Para provocar uma reação de rompimento forte o bastante a ponto de a sua dívida ser jogada num lixão do esquecimento juntamente com tudo mais que lhe dizia respeito. Foi um golpe magistral, mas só poderia ser dado por alguém que carecesse completamente de escrúpulos.

Dessa época remota para cá já pude presenciar ações similares de dezenas desses indivíduos, sempre seguindo um padrão: sedução, vampirização e descarte da vítima por abandono ou violência. Observando o perfil das vítimas (mulheres), descobri um padrão muito interessante. Mas novamente advirto aos que buscam um endosso científico que minha pesquisa não foi feita de acordo com os cânones científicos e, portanto, não será publicada na revista *Nature*.

O padrão mais recorrente é: mulher casada jovem, cujo marido é uma figura com viés conservador, do tipo certinho, em geral considerado por todos como uma pessoa boa, ou "bonzinho", e com uma vida previsível, com uma forte ligação com a mãe ou mãe dominadora. Há certamente um robusto componente sexual na formação desse quadro, mas isso para os nossos propósitos é irrelevante. Muitas vezes esses psicopatas seduzem suas vítimas sem dar um único tiro (essa é uma metáfora obviamente sexual), ou o seu arsenal sexual nem é lá essas coisas, mas isso só será percebido pela vítima, muito tempo depois que o efeito alucinógeno passar. Discuti longamente esse jogo de sedução dos psicopatas em meu livro *Dormindo com o Inimigo* e, portanto, vamos aos fatores nucleares.

Dissecando o comportamento de meia dúzia desses sedutores psicopatas, alguns pontos comuns surgiram pela *insistência* em estar presente em todos os casos:

1. Eles são carismáticos, sem sombra de dúvida. Mas seu carisma nem sempre se manifesta de forma positiva. Alguns atraem a atenção pela sua agressividade, pela sua indiferença pela vida (são aqueles que têm o botão do "foda-se" ligado permanentemente) ou pelo papel de desamparados que fazem com tanto talento. É o chamado *look* de "cachorro que caiu da mudança". Muitas mulheres sentem-se irresistivelmente atraídas pelos vira-latas aparentemente inofensivos e abandonados.

2. Quando não podem tirar proveito do carisma agregado do cargo ou da posição que ocupam, eles não têm a menor cerimônia em criar uma ficção a seu respeito: um pai milionário que mora no exterior, uma patente militar, um grau elevado em alguma sociedade secreta etc. Mentir com convicção não é e nunca será problema para eles.

3. Têm um talento natural para mesmerizar as suas vítimas. Quando não estão na fase "monstro", são muitíssimos simpáticos, bem-humorados, afetuosos. São capazes de abraços tão calorosos que o maior detector de mentiras não mostraria ali um abraço mortal de anaconda. Talvez porque sejam verdadeiros mesmo. Muitos passam uma ânsia de viver, uma alegria e uma disposição para o que der e vier que quase sempre é fatal. Isso, quando contrastado com a regulada contenção do parceiro, torna-se um massacre para o qual não há defesa.

4. Essa face risonha pode se transformar numa máscara de terror em segundos, colocando em xeque as emoções, as convicções e os alicerces da vítima. Essas alterações bruscas da face do sedutor mexem com as estruturas da vítima, tornando-a mais frágil, mais quebradiça e pronta para a submissão. Em pouco tempo a rendição será irremediável.

5. O fato de esses indivíduos serem rotulados de psicopatas não quer dizer que sejam burros ou lhes falte sensibilidade ou senso de percepção da realidade, pelo menos da parte que lhes interessa. São quase sempre exímios observadores, têm um radar apurado para perceber as fragilidades do outro, não só nos estágios iniciais da sedução, mas também nos momentos em que o seu lado monstro se manifesta. Sabem onde espetar para obter o melhor resultado em dor, medo e submissão.

Nas várias áreas da vida em que ele pode atuar, seu perfil e *modus operandi* não sofrem grandes variações. Uma relação com um psicopata sedutor é mais ou menos como uma relação com a droga. Fácil, fácil de entrar, cheio de promessas de prazeres, mas muito difícil de sair. Além disso, ninguém nunca sai impunemente.

Mais uma vez sinto que este texto está se encaminhando para um desfecho penoso, ao menos para mim: as receitas de como evitar cair nas redes de um sedutor/psicopata ou vice-versa. Eu mesmo não acredito muito nessas receitas prontas, porque, como nas grandes tragédias, ninguém está suficientemente preparado para enfrentá-las por mais que tenha ensaiado ou tenha sido prevenido. Isso é fácil de explicar: os fatores que determinam a situação de vitimização são quase todos originários de conteúdos emocionais e suas flutuações. Fornecer informações que possam ser processadas racionalmente não é em geral suficiente para a administração dos turbilhões emocionais e afetivos acarretados por um tal encontro. Mas quase me sinto obrigado a fornecer uma lista de precauções, como aquelas que as autoridades policiais fazem para orientar os cidadãos de bem contra os criminosos, o que diminui pouco as estatísticas criminais, e, quem sabe, pode ajudar um ou outro a se livrar de um ladrão trapalhão. Então aí vão elas:

1. Todos os dias faça uma checagem nos seus programas emocionais. Você está ultracarente? Está fragilizada pela solidão ou por uma relação massacrante? Está de saco cheio de uma vida sem sabor, sem emoção, sem tesão? Você já foi "diagnosticada" repetidamente como ingênua ou infantil? Essas características são precondições essenciais para tornar vítima uma pessoa comum.

2. Falar demais de sua própria vida. Ter o péssimo costume de desabafar com pessoas que acabou de conhecer, reclamar muito da vida, da situação conjugal, falar mal do marido, de seus defeitos e fraquezas pode municiar o sedutor/psicopata.

3. Se você sentir que está muito infeliz, que a sua vida está muito distante do que você sonhou, reexamine seus valores. Se for o caso, peça ajuda para se ajustar e diminuir o seu grau de frustração. Uma pessoa frustrada cronicamente é uma presa muito fácil para um sedutor/psicopata.

4. A identificação do Sedutor/Psicopata é a parte mais difícil. Não que seja muito complicado identificá-lo, não é. O mais problemático é você identificá-lo e dizer não! Não conheço as estatísticas, mas acredito que a maioria das vítimas no fundo sabia ou desconfiava que o sedutor diante delas era um psicopata e representava uma dose considerável de perigo. Mas assim como no caso do cigarro, do álcool e das drogas, o perigo é minimizado, há todo um processo de racionalização, e as promessas de prazer, paixão e aventura superam as travas de segurança que porventura existam.

5. Ainda sobre a identificação: o sedutor ataca com as armas convencionais na maioria dos casos, ou seja, demonstra

com todas as linguagens verbais e pré-verbais o que deseja. Isso costuma excitar a vítima, que se sente a "escolhida", mas para ele é apenas a "bola da vez". Nem sempre existe um plano mefistofélico preparado de antemão. Mas, como já disse, os instintos do animal pressentem a presa na medida em que a situação se desenrola. Assim como o hipnotizador de auditório escolhe as suas cobaias numa espécie de pré-seleção (o famoso teste de cruzar os dedos das mãos e não conseguir desgrudá-los), o sedutor também usa esse procedimento. Por exemplo, numa mesa de bar com várias mulheres ele vai escolher aquela cujos sinais serão os mais inequívocos de que ela está no ponto para ser seduzível, e vai se concentrar nela. A identificação é complicada por uma questão de ego. Quando alguém tenta avisar a incauta do perigo, ela pode se sair com uma frase do tipo: "Você está é com inveja porque ele me escolheu em vez de você."

6. Atenção aos avisos iniciais: a mistura de ego com carência pode levar a escancarar as portas ao inimigo.

7. O Sedutor/Psicopata não consegue ficar muito tempo sem revelar a sua identidade secreta. Em geral ele é uma criança mimada, nunca soube lidar com as frustrações e não sabe aceitar um *não* como resposta. Assim, tão logo haja alguma situação onde essas condições apareçam, a sua verdadeira natureza irá aflorar. Esse será o momento de dar o fora, se não for tarde demais. Poderá ser o instante em que ele se mostrará perverso, capaz de fazer uma chantagem baixa, dez minutos depois de ter tido momentos de prazer sexual com a sua vítima. Ou de humilhar/ameaçar a parceira, caso ela não possa lhe emprestar aquele dinheiro, ou ainda dos gritos enfurecidos cinco minutos depois de sussurros de promessas *calientes* e cheias de paixão.

8. O esquema do Sedutor/Psicopata, porém, não é tão simples de flagrar. Mesmo diante da possibilidade de um alarme alertar a incauta e ela começar a arrumar a malinha para dar o fora, ele terá sempre um plano emergencial. Os pedidos de desculpa, as súplicas, as histórias tristes de uma criação sem amor e de maus-tratos costumam comover essas mulheres/mães imaturas, ingênuas e infladas de falsas esperanças de um romance de novela.

9. As pistas visíveis do sedutor/psicopata estão na presença de esquemas pré-fabricados, já usados e abusados por muitas gerações antes dele. Dificilmente a "cantada" e as primeiras manobras de aproximação do sedutor *psi* deixam de ser clichês. Não porque não possa ser criativo, apenas não acha necessário perder o seu precioso tempo criando estratégias criativas e originais. Ele está constantemente vivendo uma realidade esquizofrênica: despreza os seus objetos de desejo, por isso não acha necessário investir, perder seu tempo para desenvolver técnicas mais elaboradas. Assim, o seu comportamento é padrão, só não se torna identificável para pessoas superingênuas ou que desprezem todos os avisos aos navegantes.

10. Isso é facilmente compreensível do ponto de vista psicológico. Ao se dar conta de que tem um papel na vida, ele passa a agir de acordo com as diretrizes desse papel. Seria o que Jung chama de "arquétipo". Um modelo pronto, um uniforme que apenas veste e passa a se comportar como manda aquele figurino. Por isso podemos dizer, com risco de errar pouco, que "quem viu um já viu todos". O mais incrível é que também há um padrão de vítima, que cai nessa uma, duas, três vezes, apesar da sensação de *déjà-vu* em cada uma delas.

Dezenove

O Assédio por Sedução no Ambiente Corporativo

As empresas não são espaços apartados da sociedade, habitadas por alienígenas com valores e psique completamente diferentes dos outros mortais. Por mais óbvia que seja essa declaração, percebo que muitos especialistas, ao se dirigirem a funcionários de empresas, falam como se estivessem tratando com uma raça especial, usam até um vocabulário especializado (jargão) e acabam fomentando uma personalidade e uma "cultura" corporativa completamente falsas.

Funcionários *são pessoas*, apenas *estão* funcionários. Portanto, tudo que existe e viceja no mundo fora dos "muros" das empresas (esse também é um conceito bem século XIX da era industrial) também se manifesta lá, muitas vezes de forma até mais intensa. Na empresa onde o poder está bem mais visível e aparentemente mais perto, ao alcance da mão estendida, a figura do assediador/sedutor e a sua atividade são muito flagrantes.

Em minha opinião, são esses comportamentos os mais determinantes dos rumos das atividades sociais e emocionais dentro da empresa. Mas, como uma das principais missões de quase todas as empresas é "seduzir" sua clientela, a atividade de assédio por sedução é muitas vezes estimulada e passa despercebida, até que gere algum distúrbio na harmonia da organização.

Há os tipos mais caricatos, representados pelas secretárias insinuantes, com seus decotes provocativos, que o clichê as coloca sentando no colo dos chefes. Mas isso é velho e praticamente está em desuso. As artimanhas de sedução dentro da empresa como tudo mais se sofisticaram e evoluíram para uma espécie de jogo. Porém, se as pessoas passam muito tempo nesse jogo, acabam perdendo a perspectiva real do trabalho, da produção e prejudicam a empresa e a si mesmas. Muitas vezes, porém, a própria empresa cria um ambiente propício a esse tipo de atividade.

Como já dito, há seduções e seduções. Muitas vezes a sedução "positiva" é fundamental para abrir caminho para uma idéia válida, para a melhor absorção de uma informação ou ensinamento. Mas a sedução como veículo para galgar as escadarias do poder sem mérito real é o que chamamos, em linguagem futebolística, de antijogo.

Mas o que dizer quando, numa empresa, o próprio chefe (diretor, gerente-geral, presidente, dono etc.) é ele mesmo o sedutor/assediador? Há uma relação muito estreita entre a capacidade de uma pessoa chegar ao poder e a sua capacidade de sedução, o que é facilmente verificável entre os políticos e líderes carismáticos. No âmbito empresarial, não poderia deixar de ser diferente. Mas há diferenças abissais entre os diversos tipos de comportamento sedutor de um chefe nas suas relações com os outros funcionários.

A sedução positiva, se assim podemos chamar, acontece sempre que são usados os meios socialmente aceitáveis para cooptar membros da empresa para uma determinada tarefa ou congregá-los em torno de uma idéia ou política. Muitas vezes esse processo de sedução é chamado de motivação.

Para motivar alguém a fazer algo ou investir mais energia e dedicação em uma tarefa ou até mesmo a fazer algum sacrifício pessoal, é preciso ter uma autoridade, uma ascendência sobre as pessoas. Isso pode ser feito pela via negativa, usando-se o medo ou a tirania, ou pela via positiva, usando-se o poder da sedução, do convencimento. *Siga o líder* e/ou *farei tudo o que o seu mestre mandar* eram brincadeiras muito antigas que expressavam essa capacidade natural do líder carismático em conseguir a obediência dos liderados. Líderes sedutores positivos são sabidamente mais eficientes em obter resultados com sua equipe do que os líderes que governam pelo terror ou pela sedução perversa.

Conscientemente ou não, muitos chefes constelam a eficiente dualidade conhecida nos meios policiais como "o tira mau e o tira bonzinho". Executado em dupla é massacrante para quem está sendo interrogado ou coagido. O tira mau chega, ameaça, agride, ofende, humilha, não dá um segundo para o sujeito se compor. Só que o terror pode ser bloqueador. O indivíduo não se abre, não por falta de medo, mas por excesso. Ele simplesmente trava. Aí entra em cena o tira bonzinho. Em geral é feito todo um teatro onde o "bonzinho" chega, afasta o mau e começa oferecendo um café, uma água ou até um cigarro para o interrogado. Aí fala que também é um ser humano, que também tem filhos (se o sujeito for jovem) etc., etc., e sempre em tom calmo e conciliador vai conquistando-lhe a confiança. E diz que não vai poder segurar o tira mau muito tempo. Nesse momento, na cabeça já fragilizada do interrogado, instala-se o pânico na forma de uma tempestade prestes a desabar e arrasar tudo. Esse breve momento de humanidade estava para ser quebrado e tudo iria recomeçar bem pior. Aí é quase certa a capitulação, a não ser que estejamos falando de um bandido profissional, que a essa altura do campeonato já estará sacando o script. Quando esse modelo é constelado por uma única pessoa, ele se torna devastador, não só em ambientes profissionais, mas em qualquer lugar onde estejamos lidando com um chefe, pai ou líder.

Na empresa, um tal chefe pode optar em atemorizar seus subordinados com gritos, cara feia e ameaças, para em seguida chamar um do grupo e fazer o outro papel. É comum que faça alguma confissão "íntima", que fale da sua vida dura, de como a sua infância foi difícil etc., etc. Seu discurso pode até levar o incauto às lágrimas, mas é apenas um texto que ele certamente já recitou dezenas (e, se for mais velho, centenas de vezes). Ao sair da sala, o "escolhido" não só terá perdoado o comportamento irascível do chefe, mas será um ardente defensor, diante dos outros junto aos quais advogará a sua (dele) causa. É aquela farsa do médico e do monstro da qual já falei, e, por incrível que pareça, funciona. É um jogo psicologicamente perigoso, pois pode gerar uma fratura psíquica radical. O que percebo com maior freqüência é que esse personagem só costuma ser incorporado por pessoas que já possuem uma estrutura neurótica, para quem o papel é a sua própria cara. Como disse tão belamente Fernando Pessoa: "O poeta é um fingidor, finge tão completamente que chega a fingir que é dor a dor que deveras sente."

A sedução a serviço do lucro

Quando um chefe sedutor adota o papel de encantador de funcionários, em geral sua origem é o departamento comercial. Ele é um vendedor cem por cento bem-sucedido, que consolidou práticas que só irão se desenvolver mais e mais à medida que as idéias vão se transformando em venda e o funcionário em "cliente". A cada estágio de sua evolução dentro do papel, pacotes de conceitos prontos e experimentados há gerações vão sendo incorporados e imediatamente postos em prática. Ele será o durão, o pai autoritário, dará até socos na mesa se uma "venda" estiver emperrada ou se encontrar obstáculos à sua avassaladora vontade. Mas, na maioria dos casos, ele será um vendedor/sedutor/motivador, *mãe* dedicada, que com as palavras e entonação certas (sempre clichês criados por outros mais originais) encantará seus ouvintes. Ele será *expert* em pescar os conceitos mais "modernos" de motivação dos quais irá se apoderar e com a voz modulada oferecerá aos seus funcionários (que estiverem precisando de um empurrãozinho) sempre com um sorriso. O chefe sedutor cria um precedente ou implanta um exemplo que fatalmente será seguido por outros que tiverem o perfil e a competência para adotar tal papel. Mesmo em empresas grandes o círculo do poder é geralmente formado por um grupo pequeno, o que torna mais propício o surgimento desses tipos de personagem.

Outro dia ouvi um chefe sedutor dizer a um funcionário: "Você precisa pensar grande." E depois, abraçando-o por cima de seus braços e conduzindo-o à porta, disse: "Vamos lá, eu sei do seu potencial, sei que pode dar mais de si." Com uma típica expressão de enfado e de ironia, como se dissesse: "Veja só o que eu sou obrigado a agüentar todo dia com esses *pangarés...*"

Outro "chefe" me proporcionou a seguinte cena: uma funcionária foi lhe pedir que cumprisse a promessa de reajustar o seu salário após os primeiros seis meses. Ele perguntou o nome completo dela, quis saber a origem de seu sobrenome e se mostrou interessado pela sua família, quantos eram, quantos moravam com ela, há quanto tempo estavam naquela cidade etc. A moça, que entrou decidida a só sair com o cumprimento da promessa ou a pedir demissão, começou a abandonar a postura defensiva. Num determinado momento ele se saiu com a seguinte pérola: "O que desejamos aqui, fulana, é saber o que você pode fazer pela empresa e não o que a empresa pode fazer por você." Essa frase famosa, cinicamente adaptada pelo empresário, foi de um famoso presidente norte-americano.

Ele continuou dizendo que só uma empresa forte e rica poderia remunerar à altura seus funcionários e dar-lhes a estabilidade que todos almejam etc., etc. Fiquei ali, afundado na poltrona, pasmo de tanto cinismo. Mas a moça saiu da sala aparentemente satisfeita e, ao que tudo indica, motivada para se transformar em mais uma alavanca para levar a fábrica às alturas! Ele deu uma risadinha de superioridade e voltou a falar dos seus cavalos de raça.

Um outro empresário, ao atravessar uma concordata, mudou-se de sua sala faraônica para o grande salão onde os funcionários da administração trabalhavam cada um em sua "baia". Ele precisava mostrar que era "um deles" e estar mais perto da equipe para exercer uma pressão/sedução/motivação sem distância, não só física/espacial quanto simbólica. Parece que deu certo, eles conseguiram levantar a concordata em pouco tempo, e assim que isso aconteceu ele voltou para o seu *latifúndio*.

A sedução como combustível

Há uma tendência saudosista e distorcida em se dizer que no passado isso ou aquilo era melhor, que tais coisas ruins não aconteciam, as pessoas eram melhores etc. Isso porque tendemos a voltar nossos olhos saturados de visões negativas para o passado e lá fazer uma *seleção* daquilo que nos interessa ou, melhor, que interessa à nossa comparação compensatória. Digo isso porque, ao vermos a quantidade de pessoas incompetentes, malandras, "espertas" dentro das empresas, dedicando-se em tempo quase integral à manipulação e ao jogo do poder e quase nada ao trabalho real, podemos atribuir o fato a mais um defeito do nosso tempo pós-moderno.

Não é verdade. Se entendermos a sedução/sedutor como um arquétipo, vamos ter de aceitar a presença dessas figuras habitando a sociedade desde sempre, e a sua presença nas empresas desde o momento em que elas puderam ser assim chamadas. O que acontece agora, como não podia deixar de ser, são meios mais refinados de comunicação como diferencial. E ainda um aumento da quantidade desses indivíduos dedicados à pouco nobre arte de sobreviver via sedução e não pela qualidade de seus serviços.

Lembro-me de quando trabalhei numa grande editora brasileira no milênio passado e tive um chefe monstro. Ele era literalmente o cão. Conseguia uma coisa muito difícil dentro de uma empresa desse porte: a quase unanimidade de rejeição e de ódio. Mas era um dos mais antigos funcionários e sobrevivia nesse ambiente que lhe era hostil graças à sua capacidade de seduzir apenas uma pessoa: ELE — o patrão, o *deus* maior e absoluto do universo da empresa. De alguma misteriosa forma mantinha seus firmes laços (acredito que eram nós) com o chefe supremo, e, cada vez que uma encrenca mais estrepitosa conseguia chegar até o Olimpo, ele, o chefete, dava um jeito de sair mais fortalecido ainda. Talvez, e digo talvez, porque não tive acesso a esse círculo intimo, ele conseguisse convencer o *deus* de que se tornava antipático (e vítima das armações) justamente por defender de forma tão canina os interesses da empresa. Isso devia (se for verdade) soar como música aos ouvidos do *deus*. Lembro-me das duas faces que apresentava de forma sistemática aos atarantados funcionários, inclusive comigo. Era capaz de contar piadas, de exibir uma simpatia contagiante, para em seguida usar de seu arsenal de maldades que parecia ser inesgotável.

Depois de quase trinta anos na empresa, aprontando todas, ele caiu com uma conjunção de má gestão (que dessa vez não conseguiu jogar nas costas de nenhum bode expiatório), enfraquecimento do *deus* e denúncias poderosas das quais fui o mensageiro sacrificado.

O sedutor risonho

Existe um tipo de personagem que costuma habitar os cenários sociais e corporativos, que é o famoso "tudo ótimo". O sujeito está sempre de aparente bom humor, sempre de astral lá em cima, nada parece abalar seu congelado sorriso otimista e as suas risadas. É daquele que ri até no velório da mãe.

Num mundo onde o estresse é marca registrada, uma pessoa assim, "sempre de bem com a vida", acaba ganhando um status elevado. Dentro da empresa esses sedutores da simpatia irrestrita são considerados fundamentais pelas lideranças por dois motivos: primeiro, porque, por serem uma espécie de "bobos da corte", não representam ameaças aos seus próprios projetos de poder. Segundo, porque são considerados elevadores do astral coletivo ou motivadores naturais. Mas, na verdade, esses risonhos personagens, que são capazes de rir como hienas de sua própria desgraça, são perigosos sedutores. Eles criaram um personagem aparentemente blindado, à prova de conflitos, de disputas, que deve pairar acima das veleidades, passar despercebido nos cortes de pessoal e nas políticas restritivas. Suas avaliações costumam ser sempre muito positivas, pois são bons ouvintes, sabem guardar (e manipular) segredos como bons "padres", e como são aparentemente inofensivos têm acesso a pessoas e áreas que normalmente são vedadas aos outros competidores. Se estivessem nas novelas, fariam parte do núcleo humorístico, aquele que entra sempre após uma cena mais dramática.

Mas não devemos nos enganar, eles são personagens. Não estou falando aqui das pessoas realmente bem-humoradas e de bem com a vida, alegres e espontâneas. Falo dos que escondem sua amargura, sua inveja e cupidez sob uma máscara de palhaço. Muitas vezes escondem obscuros e inconfessáveis desejos de poder ou projetos destrutivos em sua mente. Tudo ou quase tudo em seu comportamento é fruto de um traço de caráter, porém desenvolvido, enriquecido com intenções específicas. Essa é a sua estratégia para seduzir e abrir caminho na vida corporativa ou na vida social extra-empresa. Guardando-se as devidas proporções, a sua estratégia se assemelha à dos machões que fingem ser gays para conquistar a confiança das mulheres, por serem "inofensivos", e depois atacam (ou será que estou defasado e isso sempre foi apenas um clichê de filmes de humor duvidoso?). Porém, a característica mais fantástica do "curinga" é quando ele mostra a sua face raivosa. Como nunca se aborrece, nunca demonstra emoções mais fortes, e quando isso ocorre, na verdade, no momento em que permite que isso ocorra, o resultado é devastador para quem está à sua volta. Assim ele cria em torno de si uma aura de mistério e até de vantajoso temor.

Nem sempre há essa convergência, mas, pelo que pude observar e pela extensão do arquétipo, o sedutor/curinga sabe como ninguém fazer a sua intriga, sempre muito bem-feita, de forma que não se perceba. Ele é capaz de elogiar e de defender publicamente o seu desafeto para depois, pelas costas, apunhalá-lo certeiramente com uma armação muito bem-feita. Está relacionado com o arquétipo do *trickster* (entidade zombeteira e debochada dos índios norte-americanos), que muitos associam com o *Exu, Exu Elegbará* ou simplesmente *Leba* do candomblé, entidade que se diverte lançando confusão e desentendimento entre as pessoas. Para muitos "guerreiros" e conquistadores de postura mais "séria" e ostensiva, o curinga muitas vezes passa despercebido, eles não o vêem como concorrente, mas seu sucesso entre as mulheres costuma ser notável. Como ele não se expõe, não dá a cara para bater, não é visto também como ameaça na corrida pela *pole-position* dentro da empresa, mas acaba surpreendendo a todos quando é promovido junto com aquele em quem resolveu apostar as suas fichas como o cavalo vencedor.

Não devemos nos iludir com a facilidade com que o curinga transita tanto entre os homens quanto entre as mulheres, achando que tem uma sexualidade dúbia. Isso pode eventualmente até ser verdade em alguns casos, mas o arquétipo é assim mesmo em sua aparência assexuada; na verdade, isso é um bom disfarce. Essa é uma característica do arquétipo de Exu, que na África era o mensageiro do rei e fazia o trabalho de leva-e-traz para os outros orixás. Isso significa que tem trânsito livre em áreas onde os homens e as mulheres não estão confortáveis. Nessa liberdade típica dos *clowns* ele fica sabendo dos segredos, faz as suas intrigas pontuais e mercadeja com as informações privilegiadas que, quando não são boas o bastante para valer alguma coisa, ele as fabrica sem o mínimo de escrúpulos.

Não existem muitas regras para se lidar com o curinga, mas algumas precauções podem ser sempre úteis:

1. Se você identificou o nosso personagem, lembre-se: ele não tem amigos por mais que diga isso de você.

2. Não lhe faça confidências, por mais carente que esteja e por mais confiável que você o considere.

3. Se você tem algum segredo que não deseja que outras pessoas fiquem sabendo, não conte para ele. O contrário também é verdade. Se você quiser que algo "circule" pela empresa, conte-lhe e peça-lhe sigilo absoluto.

4. Não subestime a sua capacidade de causar estragos. Como os valores morais e éticos não costumam acompanhá-lo, em tese ele é capaz de tudo.

5. Por parecer um palhaço ou um "bobo alegre", não ceda à tentação de peitá-lo ou humilhá-lo em público. Ele poderá até rir, na hora, diante das pessoas, mas daí em diante você se tornará seu alvo. Para ele haverá uma etiqueta invisível na sua testa, escrito: "Destrua-me". Mesmo que não pareça, ele é um poço de rancor, não perdoa seus desafetos e, embora nunca se refira a eles em público em termos depreciativos, não passará um minuto sem que a sua mente maquiavélica deixe de maquinar algum plano destrutivo. Conheci um desses que dizia, rindo como uma hiena: "Eu não faço prisioneiros." Numa alusão arrogante à sua não-tolerância à convivência com seus desafetos, ele simplesmente os elimina.

6. Sua lealdade é sempre volátil e ele tem um radar de alta precisão para saber com antecedência das mudanças de direção e se bandear para o lado vencedor.

A dica para lidar com o curinga é de sempre manter uma distância segura, nem muito longe nem muito perto, e aprender com ele a jogar o seu próprio jogo. Mas apenas aprenda a não tentar jogá-lo com ele, você certamente perderá.

O sedutor "Don Juan"

Esse é um velho conhecido de todos. Sua meta desde que acorda até o momento que vai dormir é a conquista "amorosa" de todos ao seu redor. Esse tipo de sedutor tem, digamos, um cacoete comportamental, ele simplesmente não sabe atuar na sociedade sem demonstrar explicitamente o seu enorme charme e encantamento. Nas empresas, esse tipo trafega indistintamente entre os interesses pessoais/sexuais/ sentimentais e os da trajetória da carreira.

Mas não é raro ele querer juntar o "útil ao agradável". Como os outros tipos citados, o conquistador tem um pendor natural para o "papel", mas conheço muitos que se aprimoram lendo livros de aperfeiçoamento do seu potencial conquistador e até treinando em casa. O conquistador sabe explorar os pontos sensíveis que a maioria das pessoas tem, como, por exemplo, o egocentrismo, o desejo de importância e as carências afetivas. Aquela famosa frase dita pelas mulheres, quando detectam um *don juan* de meia-tigela: "Você diz isso para todas", é muito verdadeira quando se refere aos procedimentos do conquistador. Como ele considera todas as pessoas iguais (pelo menos as que têm perfil de conquistáveis), seu discurso, suas atitudes e até sua maneira de pensar são também padronizados. O conquistador pode muitas vezes lançar os seus tentáculos sedutores sobre uma "vítima" aparentemente sem importância na hierarquia da empresa, mas certamente estará visando, por tabela, atingir outra pessoa a ela ligada num nível superior da escada hierárquica.

Uma vez conheci um desses exemplares. Ele me confidenciou que estava "investindo" na faxineira da empresa. Quando percebeu a minha expressão de "não captei", riu e se apressou a me explicar: "Ela (a faxineira) tem uma irmã que é a atual 'namorada' do chefão. O velho está de quatro pela menina. Já pensou no que significa ter um assento privilegiado para assistir a esse *jogo*? Já pensou nas informações que vou poder obter e nas mensagens que vou poder passar de forma bem sutil?" Em nenhum momento pensou nos sentimentos da moça, que, aliás, era noiva, apenas queria usá-la em sua estratégia de poder. Mas, só para garantir, também estava investindo com todo cuidado, é claro, na secretária do "homem", pois como ele mesmo disse: "Preciso cercar o bicho pelos sete lados" (usando a terminologia do jogo do bicho, onde você se garante de diversas formas e aumenta as suas chances de ganhar).

O conquistador investe também nas pessoas do mesmo sexo. Lembrem-se: para ele não é o sexo (ato) ou gênero que importa e sim o seu caminho ao poder. A essa altura do campeonato já deve ter muita gente (de ambos os sexos) se perguntando: por que será que ele só está focando no sedutor do sexo masculino? A resposta é simples: a sedução feminina quase sempre prioriza os atributos físicos e joga com as promessas e fantasias que os homens constroem em sua mente. O sedutor masculino usa antes de tudo as palavras, o discurso, e mesmo quando seu palavreado ou o seu discurso é contido, econômico, ainda assim usa muito mais as diversas linguagens de sedução.

Lembro-me agora de um tio há muito tempo falecido. Ele era policial, mas nunca ninguém da família o viu com uma arma. Falava baixinho, tanto que para ouvi-lo tínhamos que nos aproximar bem dele. Muitas vezes o surpreendi segurando seus interlocutores pelo braço, puxando-os e falando-lhes ou, melhor, sussurrando ao pé de seus ouvidos. Tudo para ele era na "base da conversa". Dizia-se que extraía confissões detalhadas dos bandidos sem nunca ter dado um safanão sequer, e isso estamos falando de uma polícia em tempos de ditadura, em que as forças chamadas de segurança podiam fazer praticamente tudo impunemente. Muitos anos mais tarde, descobrimos que mantinha algumas namoradas, apesar da idade já avançada e de uma postura ostensivamente familiar, sempre saindo na frente na defesa da moral e dos bons costumes. Hoje compreendo que meu tio era um sedutor conquistador, e qualquer um, do delegado ao bandido, das mocinhas às coroas, que o deixasse sussurrar no ouvido caía nas suas teias macias e iludíveis.

Quando falei dos antídotos contra a sedução, talvez estivesse querendo ser mais realista que o rei, pois, no fundo, quem se deixa seduzir *não quer deixar de ser seduzido*. É um jogo onde esperteza ou inteligência não entra, apenas os programas emocionais mais antigos e deformados.

Freud tem uma sacada que acho brilhante, no meio de outras centenas, quando fala dos medos do adulto em relação ao amor e ao desamor, que pode nos ajudar a entender esse processo de sedutor e seduzido. Mas vamos deixá-lo falar diretamente: *"... a esse respeito, a criança, ao transformar a sua libido em ansiedade, por não poder satisfazê-la, comporta-se como adulto. Por outro lado, um adulto que se tornou neurótico devido à falta de satisfação de sua libido se comporta em sua ansiedade como uma criança: ele começa a ficar apavorado quando fica sozinho, o que quer dizer quando fica afastado de alguém cujo amor lhe dava a segurança, e ele visa atenuar esse medo das maneiras mais infantis possíveis."**

Uma dessas maneiras é por meio da sedução (que em geral esconde um imenso pavor da solidão). Devido à ausência de maturidade própria da situação psicológica regressiva vejo-me obrigado a retirar a palavra *amor* da frase de Freud e substituí-la por *atenção*. Isso acontece da mesma

---

* Sigmund Freud, *On Sexuality,* Penguin Books, p. 147. Tradução livre do autor.

forma dentro dos muros corporativos. Mesmo quando na sua aparência a meta é o poder, sempre há no fundo o medo de ficar só, da indigência, do esquecimento e do "desamor". Quem mais busca o poder, quem mais empenha suas energias e aposta todas as fichas nessa guerra pelo poder são aqueles que não abandonaram a seu devido tempo o bebê desamparado que existia dentro de cada um. A necessidade vital de ser alimentado (não tão vital assim), de ser mantido limpo e sequinho e de receber carinho e proteção pode perdurar até a idade adulta, sendo apenas alterada em algumas configurações. Quando esses programas primordiais se juntam à sensação do "agora eu posso" (poder), temos homens e mulheres que moverão céus e mares (internos) para continuar a ser alimentados, mantidos sequinhos, longe das suas próprias "sujeiras" e acolhidos em seios e colos protetores e cálidos.

O sedutor *over*

Já falei de um grande amigo, advogado brilhante e um sedutor que se levava muito a sério. Era capaz de se meter nas maiores enrascadas e de colocar em risco não só o seu casamento (como colocou e o implodiu), como também seus negócios sempre que se via "desafiado" a seduzir alguém. Isso era uma rotina na vida dele e, acredito, um traço do seu caráter. Não foram poucas as vezes em que combinava de atender duas pessoas ao mesmo tempo em lugares diferentes. As pessoas acreditavam nele quando dizia: "Fique tranqüilo, deixe tudo comigo, relaxe que cuido disso, vou resolver. Relaxa." Como era reconfortante para uma pessoa que estava aperreada com um baita problema, sem saber o que fazer, encontrar alguém que chegava com essa banca toda e dizia "Deixa comigo, eu sei como resolver e tenho meios para isso!" Ele queria acudir a todos ao mesmo tempo, e até que se esforçava nesse sentido. Poucas vezes o presenciei dizer não a alguém que lhe fazia um pedido. Mas era capaz de largar tudo ao perceber uma possibilidade de seduzir uma mulher que lhe chamasse atenção.

Certa vez estávamos em São Paulo, indo para o Rio, já no aeroporto. Era sexta-feira e tínhamos uma reunião superimportante (além de amigo, era meu advogado). No saguão de espera ele me disse que uma moça lindíssima havia "olhado" para ele. Eu respondi: "Sim, e daí?" "Como, e daí? Você ficou maluco, está perdendo o jeito? Tenho que ir lá." Eu sabia que nada dali em diante o demoveria dessa empreitada. Quando tentei localizar a tal moça, vi que ela estava conversando com outro homem, muito elegante, que nesse momento segurou a sua (dela) mala. O meu amigo não se intimidou e foi até lá, aproveitando-se de um "descuido" do outro homem, que se virou para falar com alguém. Ele trocou meia dúzia de palavras com a moça, muito bonita, por sinal. Apesar de conhecê-lo bem, fiquei pasmo quando ele literalmente tirou a sua (dela) mala da mão do outro homem, seu provável concorrente. O sujeito ficou atônito, mas se intimidou com a atitude firme do meu amigo sedutor, que deu a entender já conhecer a tal bela há muito tempo. Dentro do avião, conseguiu tirar uma pessoa que estava sentada ao lado da moça, e, quando chegamos ao Rio, já tinha todo um esquema pronto.

"E a nossa reunião?", perguntei apavorado. "Fique frio. Está tudo sob controle. Vou fazer umas ligações e deixo tudo azeitado. Agora preciso arranjar um carro para nos levar para um motel na Barra." "Mas ela topou ir com você ao motel?", sussurrei para ele. "Claro que não. Ela ainda não sabe, mas dentro de duas horas vai estar comigo num motel de frente pro mar, e aí vai ser só alegria."

Muito tempo depois, ao relembrar o caso, perguntei a ele como havia conseguido realizar a proeza. Disse-me que ela havia aceitado apenas almoçar, e mais nada, pois tinham interesses *comerciais* comuns. Aí ele a convenceu de que precisava tomar um banho antes e trocar de roupa, pois estava desde cedo na rua e transpirava muito.

"E aonde você vai tomar banho?", perguntou "Chapeuzinho Vermelho", já dentro de um táxi a caminho da Barra da Tijuca. "Ah", disse o "Lobo Mau", "logo ali na frente." "Mas ali é um motel", concluiu assustada a frágil vítima. "Pois é, ainda por cima é de frente para o mar. É aqui que quase sempre venho me trocar quando chego ao Rio. Eles têm uma ducha irresistível. Acho até que você deveria fazer o mesmo."

Com muita relutância ela entrou repetindo várias vezes que não achava aquilo direito, que só iria acompanhá-lo e esperaria pelo banho etc. Ele garantiu a ela que não aconteceria nada, absolutamente nada que ela não quisesse. "Eu lhe dou a minha palavra!"

Chegando lá, ela não quis subir, mas ele insistiu que não ficava bem ela aguardar no saguão de um motel na Barra da Tijuca. Ela subiu. Ele foi tomar banho. Quando saiu, levou mais cinco minutos para convencê-la a também tomar aquela "incrível ducha antes do almoço". Quando ela estava no banho, ele invadiu e aí... *já era*, como dizem os cariocas. Ah, você deve estar se perguntando da nossa importantíssima reunião, não é? Ele perdeu o horário, e nós também, e com isso adiamos uma decisão muito importante. Mas nem assim conseguimos brigar com ele; afinal, quem consegue?

O problema com o sedutor *over* é que ele acaba sendo vítima de sua própria voracidade. É aquele negócio de quem tudo quer, tudo perde, ou quem quer duas acaba sem nenhuma, e foi o que aconteceu com ele até onde sei. Seu segundo casamento acabou, ele "casou-se" com duas mulheres AO MESMO TEMPO e convenceu-as a morar todos juntos. Mas o arranjo (invejável para a maioria dos homens) não durou e ele ficou sem as duas. Será que ele ficou sozinho? Duvido. Embora eu tenha perdido totalmente o contato com ele, acho que isso só acontecerá quando ele perder, *se* perder, a sua aparentemente inesgotável capacidade de seduzir.

O sedutor *over* é como um trem sem freios, não sabe como parar, nem mesmo sabe o que significa parar.

Vinte

O Rebote

A famosa frase, já citada, de Antoine de Saint-Exupéry em *O Pequeno Príncipe* ilustra bem o que quero dizer: "Tu te tornas eternamente responsável por aquele a quem cativas." Tirando os exageros românticos da frase, o sedutor tem de desenvolver também um mecanismo que o proteja dos rebotes de suas conquistas. O sedutor ou sedutora (embora isso seja mais do perfil masculino) liga a sua máquina e sai por aí arrasando o terreno por onde passa e levando de roldão os corações que estiverem em seu raio de ação. Cativa as pessoas, mas raramente pensa nas emoções e sentimentos daqueles que são por ele conquistados. Mas eles existem.

No caso do meu amigo, o sedutor *over*, ele também tinha de criar mecanismos bem azeitados para se proteger das cobranças, exigências e necessidades que criava nas suas "vítimas". Quando marcava com duas pessoas ao mesmo tempo, uma delas iria "dançar" e depois viria atrás dele. Quantas vezes assisti de camarote a ele investir pesado numa mulher, cercando-a, superando as negativas, vencendo obstinadamente as defesas e finalmente vitorioso, lá estava ele, já planejando como iria se esquivar dela. Suas conquistadas gostavam dele de verdade, queriam estar com ele, sentiam carinho, algumas até paixão, tesão e ciúmes. Mas ele não podia estar em todos os lugares, em todas as camas ao mesmo tempo (era casado e ainda trabalhava). Mas elas não sabiam disso ou pelo menos se sabiam não davam a devida importância. Sentiam-se únicas, não imaginavam (e, se imaginavam, bloqueavam) que para ele elas eram *elas*, assim mesmo, no plural. Até o porteiro do prédio, que era seu cúmplice fiel, deixou de sê-lo no dia em que ele perdeu uma audiência no tribunal onde deveria comparecer para defender (de graça) o seu filho.

De repente, o sedutor se embaraça e tropeça nas próprias armadilhas. Aquela moça que lutou tão bravamente para não ser seduzida, talvez até pressentindo o que viria, era agora uma perseguidora implacável, movida pelo ressentimento, pela mágoa, por ter sido descartada e, quem sabe, por uma fímbria de esperança. O sedutor a torto e a direito também vai ter de lidar com o rebote de suas ações. Por mais que não queira se responsabilizar ou não se sinta responsável pelas *gentes* a quem cativa, essa é uma via de mão dupla. A ficção, principalmente o cinema norte-americano, está repleta dessas histórias de vingança dos seduzidos e abandonados.

A maioria de nós se identifica com as vítimas vingativas e com sua saga para punir o sedutor "descarado". A toda ação corresponde uma reação... Essa é mais uma evidência de prova da absoluta imaturidade desses seres adultos que continuam crianças, atolados em seu egocentrismo. Como os infantes não conseguem vislumbrar o depois, o futuro de suas ações, as famosas conseqüências, desprezam o que virá, vivem num transe de gratificação imediata que, para dar uma sensação de realidade, tem de ser emendado um no outro, sem interrupção. Mesmo na época em que o meu amigo advogado estava casado com duas mulheres (bonitas e muito mais jovens que ele), foi pego paquerando uma outra mulher, o que quase lhe valeu uma surra a quatro mãos de suas parceiras. Uma frase que li em uma camiseta gaiata, há alguns anos, resume bem o transe do supersedutor: "Evite a ressaca: mantenha-se bêbado!"

Ao fazerem da sedução a sua profissão, como os artistas do show business, professores, políticos, vendedores e outros, muitas vezes sem nem mesmo terem consciência, eles atraem a ira dos seduzidos pela sua imagem. Muitos são vítimas dessa armadilha, como John Lennon. São perseguidos pelos fãs, agredidos, ofendidos, odiados por aqueles a quem cativaram no atacado e que neuroticamente se acham abandonados ou traídos.

Todos nós, pelo menos, ouvimos falar dos clássicos do cinema *Louca Obsessão,* com Kathy Bates (Oscar de melhor atriz), e *Atração Fatal,* com Glen Close e Michael Douglas, em que a amante, depois de ter sido seduzida (mais ou menos), não se conforma com a separação (ele era casado) e parte para aterrorizar a ele e a família. Pois isso acontece mesmo; muitas vezes, é claro, não com esses altos teores *hollywoodianos*, mas acontece.

Para o sedutor, quase sempre é apenas mais um risquinho na coronha de seu revólver, mas, para o seduzido, uma rendição. Quem se rende se entrega ao vencedor, que deve ser responsável por ele daqui para a frente, pelo menos é esse o raciocínio arquetípico. Essa rendição é a base da revolta quando o vencedor/sedutor diz: "Bem, agora acabou. Cada um para sua casinha, não quero mais brincar."

Muitas carreiras terminam pelo justiçamento dos sedutores, até governos já caíram pela sanha dos seduzidos vingativos. Acho que tem muito a ver com o arquétipo encontrado em culturas primitivas em que a pessoa que tem a sua vida salva por alguém deve devotá-la ao seu salvador. Muitos seduzidos sentem que seu conquistador lhes salvou a vida, resgatou-lhes dos abismos da "morte" em vida.

Pessoalmente acredito num aspecto espiritual desses encontros tão densos e dramáticos (para nem citar os trágicos). Mas como esse aspecto não está sob o nosso controle, pelo menos não no da grande maioria, pouco adianta tentar especular sobre as origens desses "carmas". Prefiro tentar entender esses encontros pela ótica dos modelos arquetípicos. Como disse Jung, todo arquétipo é um mecanismo complexo em que pelo menos dois lados bem claros estão sendo constelados ou encenados. No caso dessa relação sedutor e seduzido, esses dois lados já estão com a mesa posta e a refeição servida, mas há nuanças.

Vinte e Um

O Sedutor Distraído

Existe um sedutor sem culpa no cartório? Será que é possível alguém encenar uma sedução, essa arte tão complexa, sem disparar nenhum tiro, nem mesmo mirar? Existe a figura do sedutor "distraído"? Recentemente assisti a um filme norte-americano em que um professor charmoso mas "honesto" acaba atraindo a atenção de uma aluna (psicótica ou psicopata) que "encarnou" nele. Ela cismou que o professor a havia seduzido e que agora tinha de assumir. A partir daí a furiosa maluquete investe na destruição da mulher do professor (uma espécie de *Atração Fatal teen*), sempre, como diriam os repórteres policiais no Brasil, "com requintes de crueldade". O ponto de tensão maior no filme é justamente a inocência de um homem maduro diante da perversidade de uma adolescente. Mas será que isso existe fora das telas do cinema?

Sim, existe. Em quase toda a extensão do "arquétipo" sedutor/seduzido, a ênfase, o maior peso, está na parte ativa, ou seja, no sedutor. Ele costuma ser o protagonista, o deflagrador da ação e o seu fio condutor. Mas há pessoas que têm em si mesmas as características de ambos os lados do arquétipo, com ênfase no seduzido. Elas são as falsas vítimas e verdadeiros algozes, só precisando de um elemento catalisador para abrir as portas e liberar os personagens do drama. Basta que para isso o outro, o falso sedutor (ou o sedutor distraído), obedeça a algumas especificações do "fabricante". Se o "sedutor" dá um sorriso, esse simples gesto amigável é imediatamente traduzido com um galanteio (pela mente psicótica do "seduzido"). A partir daí o falso sedutor pouco precisa fazer, o outro faz tudo por ele! Posso afirmar que nesse caso o falso sedutor está inocente, pois não há culpa, não há intencionalidade, nada remotamente parecido com o que fazia o meu ex-amigo advogado. Mas sempre há *algo*, sempre há uma pontinha de encantamento exalando, mesmo que o encantador não esteja plenamente consciente disso. Como dito, há inúmeras profissões cuja essência é a sedução, e quanto mais sedutor, quanto mais encantador for o sujeito, mais chances de sucesso terá. Essas pessoas são vítimas em potencial dos psicóticos carentes crônicos, capazes de criar uma fantasia ensandecida e nela habitar.

Mulheres sensuais são particularmente vítimas desse script. Muitas dessas mulheres são sensuais porque são, não fizeram nenhum curso, não leram livros do tipo "como ser sensual em dez lições", mas se tornaram sensuais, assim como alguns se tornam cafonas, outros elegantes etc. Observando o comportamento dos agressores sexuais, vamos notar que a escolha quase sempre recai sobre uma mulher cuja sensualidade é flagrante. Questionados depois de presos, boa parte desses agressores diz ter sido provocada pela mulher, seja pelas roupas que estava vestindo, seja por algum gesto ou atitude mais "provocante".

Você pode argumentar que isso não passa de uma tentativa descarada de tirar responsabilidades de cima e colocá-las na vítima, no que concordo plenamente. Mas isso não explica por que uma determinada vítima é escolhida e não a outra que passou logo antes.

Há também um dado intrigante: mulheres vítimas de ataques ou assédio têm uma história de casos que se repetem ao longo da vida. Em geral o traço que lhes é comum é o da sensualidade. Muitas vezes observo meninas pré-adolescentes caminhando juntas, e uma ou outra se destaca pelo andar e maneiras sensuais. Isso certamente não foi aprendido. Essa sedução pré-verbal típica das mulheres, mas que os homens também apresentam, é o fator-chave desencadeador do processo de sedução "sem querer" ou sem alvo determinado. A sensualidade é como uma metralhadora giratória sempre ligada e que ocasionalmente mira em um determinado alvo. Mas antes de mirar num determinado alvo já acertou vários. Será uma questão de "sorte" a reação desses alvos atingidos aleatoriamente.

Você pode argumentar que a chamada sensualidade tem um poderoso componente cultural, e não vou negar esse fato. Entre os hare krishna, por exemplo, a mulher deve cobrir a cabeça sempre, pois eles acreditam que o cabelo é uma arma de sedução feminina. Além disso, a mulher deve andar sempre atrás do homem e não na sua frente. Nesse caso, talvez o que eles temessem seria a sedução dos quadris balançando provocativamente.

Em algumas tribos africanas, a sedução irresistível é o homem gordo. Para marcar bem esse aspecto do costume, uma vez por ano há uma competição em que os homens têm de beber a maior quantidade possível de leite de vaca para justamente engordar o máximo. Ganha a competição (e o prestígio junto à mulherada) aquele que ganhar mais peso. Muitos morreram tentando. Mas o fato de a sensualidade obedecer a certos códigos culturais não lhe tira a força expressiva, a força da sedução dentro de um determinado grupo social.

Talvez a atriz Angelina Jolie, que ganhou o título de mulher mais sensual do mundo, algumas vezes seja menosprezada pelos homens do Norte da Sibéria, de muitas regiões da África, dos confins da China etc. Todos nós que pertencemos a uma determinada cultura temos os nossos fetiches, os nossos objetos de desejo e estamos sujeitos em maior ou menor grau aos efeitos gravitacionais da sedução silenciosa da sensualidade de ambos os sexos.

Uma das minhas preocupações constantes com mães de meninas adolescentes extrovertidas é que não superestimulem a sensualidade precoce das filhas. Não deixem que esse processo cada vez mais intenso de adultização seja um fator de risco para elas. Sei que é difícil para muitos pais segurar esse tsunami de estímulos eroto-culturais para que as crianças imitem seus ídolos femininos, modelos de sensualidade e sedução. Meninas precocemente sexualizadas atraem a atenção criminosa de pedófilos, mesmo quando nem eles mesmos sabem de sua condição doentia. Até quando nada de efetivo acontece num desses encontros, o simples fato de ficar exposta ao foco da atenção masculina, mesmo quando com apenas onze ou doze anos, já é perigoso.

Para a menina é um investimento equivocado, principalmente se o retorno que tiver parecer positivo. Ela vai se acostumar a conseguir coisas apenas pelas "armas" frágeis de sua incipiente sedução. Assim elas desenvolverão uma "vitrine" pessoal, gestos, comportamentos, e tudo será feito para atrair o olhar, a atenção do outro. Assim perderão a viagem mais importante, que é a busca e o desenvolvimento do seu ser interior, de sua mente, de sua maturidade. Dificilmente escaparão da mais espinhosa solidão. Essas meninas costumam se tornar pessoas amargas, cínicas, para quem a existência é um fardo, como foi para Marilyn Monroe, que "tinha tudo", mas, na verdade, não passava de um saco vazio, uma embalagem linda, sensual, atraente, mas sem nada por dentro. A crise por que ela passou, e que culminou com a sua morte, é igual à que muitas mulheres passam ao se verem aprisionadas à imagem de uma vitrine sedutora e nada mais. Condicionadas a serem sensuais, lançam sem muita convicção suas redes por onde vão. Mas muitos dos peixes que capturam são tubarões que estão ali para o próprio festim devorador.

Assim como os sedutores compulsivos que não sabem a hora de desligar o seu *sedutorizador,* as mulheres sensuais não sabem ou não adquiriram um mecanismo dosador. Suas armas de sedução funcionam vinte e quatro horas, e de forma indiscriminada, e mesmo no meio da selva ficam desconfortáveis se não puderem retocar a maquiagem, usar o seu salto alto ou se algo no meio de um desastre estragar-lhes a aparência sexy. Muitas vezes estão inocentes das acusações que lhes são imputadas de seduzirem seus agressores e de terem atraído para a sua vida (via sedução) os inimigos que agora lhes estão tornando miserável a existência. Isso é aceitável. Porém, seu forte ego infantil as impede de enxergar qualquer coisa além da sua "missão" de atrair a atenção. Como já disse, são "pescadoras" sistemáticas e vivem dizendo: "O que cair na rede é peixe". Esquecem-se de que tubarão também é peixe.

Sempre me preocupei em como lidar com essas situações quando se tratava das minhas filhas. Quando eram adolescentes, tivemos alguns problemas quando eu supostamente "implicava" com seus decotes ou com o comprimento de suas saias ao irem a alguma festinha. Seria impossível explicar ali, para elas (e até para a minha mulher), que aquela não era uma atitude retrógrada de um pai ciumento que não quer que as filhas cresçam e exponham sua "mulheridade". Como explicar para elas que o exagero de seus atributos femininos, longe de serem uma coisa "legal", iria apenas chamar a atenção dos meninos e das outras meninas (cada categoria com seus resultados e funções) apenas para os seus "atributos"? Inútil tentar explicar que seus decotes ousados só aumentariam a excitação dos meninos e focariam a atenção deles em suas embalagens, em sua aparência.

Certa vez aconteceu uma coisa curiosa. Eu estava indo de ônibus para São Paulo e atrás de mim estavam sentados dois meninos da mesma idade delas (as minhas filhas). Eles conversavam animadamente, eram estudantes que moravam numa república. Apesar de eu estar lendo um livro, não pude deixar de ouvir o teor da conversa. Eles estavam entusiasmados com uma festinha que iria acontecer numa das repúblicas. A certa altura um deles disse para o outro, quase em êxtase: "Vai rolar muito peitinho pra nós..." Fiquei naturalmente chateado (embora também tenha feito algo tão excitante assim aos quinze, dezesseis anos), porque tenho filhas e não gostaria que elas fossem vistas ou tratadas apenas como "peitinhos". Isso foi o mínimo que ouvi e que vale a pena relatar aqui. À noite, a minha filha mais nova ia sair com um superdecote. Claro que criei encrenca. Não por um ciúme besta de pai de filha bonita, mas por não querer que ela usasse como instrumento de aproximação, ou de identificação social, apenas a sua sensualidade. Além dos riscos de atrair a sanha dos tarados que abundam nos *campi* universitários, que, se forem pegos (coisa raríssima), saem com a desculpa de que a menina os provocou, ela os excitaria com seu decote e saia curta.

Como parece ter ficado claro, as sedutoras por sensualidade e em grau menor os sedutores podem, em muitos

O Sedutor Distraído

casos, "atirar no quem vêem e acertar no que não vêem", estimuladas por uma cultura que ao mesmo tempo louva a sensualidade e não estabelece mecanismos de coerção moral para inibir os agressores e pervertidos em geral. No extremo oposto está a cultura muçulmana, que, além de reprimir severamente as manifestações exteriores da sensualidade feminina, também exerce um controle mais rígido sobre o comportamento assediador masculino (embora o proteja francamente nas questões que envolvam disputas intersexuais).

Até há alguns anos (e ainda em alguns bolsões familiares e sociais), o lema de muitos pais era, como um bordão de um programa humorístico, "Eu prendo a minha cabrita e solto o meu bode". Agora parece que as "cabritas" também receberam alforria familiar e social, e o resultado pelo menos por enquanto tem sido alarmante. Em três dos principais *campi* universitários do país, o índice de estupros e tentativas de estupro chegou a ser epidêmico (o que foi devidamente abafado pelas reitorias).

Atenção: estamos falando de *universidades*, localizadas em três cidades mais progressistas e "modernas" do país. Isso pode dar a vocês um índice do que ocorre fora dos *campi*, em rincões mais afastados e "primitivos".

Outro dado: em nenhum momento da nossa história a gravidez de adolescentes foi tão epidêmica como neste início de século. Em hipótese alguma defendo uma guinada aos valores culturais e estéticos talibãs. Defendo uma postura mais madura das mulheres em relação ao investimento em sensualidade. Relações iniciadas tendo a sensualidade como único ponto focal da atração podem migrar para níveis mais elevados e profundos do ser, mas dificilmente acontece. A equação é simples: a sedução da sensualidade atrai para as promessas de fruição da sexualidade.

Quando a sedutora se fixa nisso, pode acabar achando que consegue parar aí o seu processo de desenvolvimento pessoal. Todo o seu processo fica assim na superfície, como se fosse uma tatuagem. Ela não investe em sua cabeça, não investe em seu caráter, não coloca "recheio" no bolo.

A esse respeito lembro-me de uma frase lapidar dita por um participante de um desses programas de troca de famílias. No episódio em questão, uma família hare krishna recebeu a mãe de um casal de tatuadores. A mulher obviamente era totalmente tatuada, e ficou chocada com os costumes "esdrúxulos" da família hare krishna, como, por exemplo, o fato de o pai exigir disciplina rígida dos filhos (eram cinco), que eles escovassem a língua todos os dias (ela nunca havia visto isso nem sabia ser esse um hábito extremamente positivo), que só comessem alimentos saudáveis etc. Ela não poupou críticas a esse pai, chamando-o de ditador para cima. O devoto, com aquele jeito zen de todos eles, respondeu às críticas dela da seguinte maneira: "A forma como ela encara a vida está na cara ou, melhor, na pele dela."

O que ele quis dizer é que ela não passava de uma libélula existencial, cuja relação com o *viver* era apenas epidérmica. Tudo que ela possuía para lidar com a vida estava na sua pele e parava ali. Foi um comentário cruel, mas muito pertinente para a nossa argumentação aqui. Se tudo que você acha que é, o que quer, o significado da sua existência estão estampados na sua pele, toda a sua relação com a vida será travada apenas na sua superfície. Isso vale também para as pessoas que, em vez de tatuagem, usam as roupas de grife como mostra de quem são, ou a sensualidade, ou os símbolos de status. Identificar-se com essas manifestações exteriores é uma deficiência que leva a uma existência medíocre, inconsciente, sem sentido e escravizadora.

Vinte e Dois

O Rei da Noite

Já escrevi sobre esse personagem de filme (com o mesmo título) em outro livro, *Solidão Nunca Mais*. Mas foi tão marcante para mim que não resisto à tentação de fazê-lo novamente, agora sob o olhar da sedução sensual. O personagem que dá título ao livro era um jovem, se não me engano filho de uma prostituta que cresceu nos bordéis aprendendo *in loco* a arte da sedução sensual. Tornou-se um homem e, naturalmente, o seu caminho enveredou pelas mesas de sinuca dos bares da zona do cais, pelos romances com prostitutas, a quem seduzia, e à custa de quem vivia. Era o rei da noite. Aonde ia, os homens o invejavam, as mulheres o desejavam, os "otários" estavam sempre a postos para ser aliviados de seu dinheiro e assim corria a vida desse Narciso do *bas-fond* de uma grande cidade.

Tudo que ele tinha era uma "filosofia" de vida do *carpe diem* (colha o dia; aproveite o momento — frase emblemática de uma postura filosófica surgida no Renascimento, em oposição aos valores religiosos e de renúncia aos prazeres terrenos da Idade Média), mesmo que não tivesse a menor idéia do que fosse isso. Se ele pudesse entender e explicar os motivadores básicos da sua vida, diria: a sedução, o prazer e a ausência de comprometimento. O seu limite de pensar a vida era o prazo de vinte e quatro horas, nada mais além dessa marca. Mas, enquanto ele gozava dos frutos de sua *expertise* em sedução e hedonismo, o tempo, indiferente a tudo, passava.

No filme, a narrativa cronológica é interrompida e volta duas dezenas de anos mais tarde. A cena: o rei da noite, envelhecido precocemente, andando pelas ruas movimentadas do Centro em seu novo papel de "homem-sanduíche" (para quem não é de um grande centro urbano, talvez necessite de uma explicação: homens-sanduíche são aqueles pobres coitados que andam de lá pra cá por algumas ruas movimentadas do Centro, com duas placas de propaganda presas ao corpo, uma na frente e outra atrás, daí a idéia de sanduíche. Eles anunciam de tudo ali; são painéis ambulantes, e ainda entregam folhetos aos interessados nos serviços anunciados). Sem uma família, sem uma casa, doente, sozinho, miserável, o ex-rei da noite, o ex-sedutor do baixo mundo, o ex-astro maior da filosofia de botequim do "viver hoje" estava onde se esforçou para chegar. Não o víamos mais cercado de mulheres ou companheiros de esbórnia e sim de duas placas onde se dizia "compro ouro".

O filme me tocou profundamente e nunca soube bem o porquê. Hoje penso que talvez me incomodasse a presença residual de um rei da noite dentro de mim ou das renúncias ao meu princípio de prazer que tive de fazer para construir uma vida engajada. Talvez a loucura da inconsciência daquele ser rolando como uma pedra em direção ao destino líquido e certo me incomodasse. Quem sabe para tudo isso junto e para mais algo que ainda não atinei?

Não se pode dizer também que o contrário é o certo, que as pessoas mais engajadas não estejam livres de uma bala perdida, de uma traição, de serem roubadas pelo sócio ou de alguma desdita cruel. Não se trata disso. Numa versão menos moralizante, o rei da noite poderia ter um final feliz; afinal, a vida "é uma caixinha de surpresas". Não há uma regra divina e absoluta que sirva para medir e prever o desfecho de cada situação. Mas há uma quase lógica nos destinos humanos. Existem enredos que podem, sim, nos orientar nas teias dos dramas, das tragédias e das comédias da vida privada. O ser humano, por mais criativo que seja, acaba andando em círculos e estes podem ser lidos, são os tais arquétipos de Jung. Apostar todas as fichas, todo o capital emocional e intelectual na máquina sedutora pessoal, sem saber a hora certa de sair, mais do que um círculo fechado em forma de algema, é uma roda da fortuna que aprisiona e não leva a lugar nenhum.

FINAL

Como nos livros anteriores, este tem uma missão. Não apenas para ocupar as estantes das livrarias e depois a da sua casa. Ambiciono ocupar espaços da sua mente, afetar as suas emoções e, se possível, o seu comportamento. A cada vez que me sentei ao computador para escrever, e mesmo as intermináveis horas em que passei pensando no livro, checando e rechecando minhas teses, exemplos e frases, meu alvo era claro: contribuir para melhorar a sua vida, leitor ou leitora.

Pode parecer pretensioso, mas prefiro pecar por pretensão presumida do que por omissão omitida. Ao longo destas poucas páginas uma coisa deverá saltar à atenção mesmo dos mais distraídos: o entusiasmo, a falta de isenção, a fria objetividade dos autores de sociologia ou dos economistas. Escrevo como falo, e falo com o coração também. A cabeça dirige, analisa, filtra, aconselha, mas só o coração inflamado para me fazer passar um ano lidando com as palavras para compor um livro, com tanto sol, tanta praia, tantas montanhas para escalar lá fora.

Por isso, fica claro de que lado estou, as minhas emoções ora porejam, ora transbordam das páginas do livro, e não tento nem um tiquinho disfarçar isso. Como você viu, considero o uso da sedução uma faca de dois gumes, e, quando é usada para enfeitiçar e violentar a integridade das pessoas contra sua vontade, é criminosa. Por isso, muitas vezes meu tom é apologético, escrevo como quem faz saltar a veia do pescoço, escrevo como quem cerra os punhos e como quem conta uma piada, que afinal ninguém é de ferro...

Considero o sedutor eficiente alguém que anda armado. Quando resolve usar essa arma deliberadamente contra um alvo indefeso, comete um crime, daqueles que se diz que não deu direito de defesa à vítima. Dependendo do motivador ou do objetivo almejado da sedução, pode ser enquadrado na categoria (virtual) dos crimes cometidos por motivo fútil.

Algumas pessoas certamente irão questionar: Por que tanto barulho por causa de um comportamento tão antigo quanto natural na vida de todos? Por que combater a sedução se ela é uma arma como tantas outras usadas para conseguir o que se deseja?

Essa sedução perversa deve ser combatida porque representa um estelionato emocional/sentimental. Ela atrai com uma isca e nunca é aquilo que o seduzido quer. Poderia chamar-se sedução-ratoeira. Para o rato é apenas um pedaço apetitoso e legítimo (afinal, está ali largado, sem placa com o nome do dono) de queijo. Para o sedutor é a armadilha que oferece uma coisa, mas vai dar outra: a morte do seduzido.

A sedução em geral é assim, enganosa, uma falsificação ora grosseira, ora refinada dos verdadeiros sentimentos, das verdadeiras intenções do sedutor. Alguém poderia argumentar que, na natureza, essa é uma estratégia fundamental para a sobrevivência de muitas espécies tanto de plantas como de animais. Sim, mas mesmo nas situações mais extremas em que a isca atrai a vítima para a morte, como no caso das plantas carnívoras, por exemplo, isso é parte do jogo da sobrevivência. O que não é o caso da sedução, em que nada, nem sequer remotamente parecido com sobrevivência (a não ser a de um ego distorcido), está em jogo.

Como ainda me considero um paladino, um Dom Quixote em fim de carreira, uso essa minha tosca tribuna para sair em defesa das vítimas que foram, que são e que serão seduzidas. E naturalmente contra os sedutores/assediadores, embora não tenha a menor esperança de sensibilizá-los. Não me importa se vou "salvar" um, dois ou dez. Isso está fora do meu controle. Mas me importa que, tendo a oportunidade, tomei-a e fiz a minha parte.

Impresso no Brasil pelo
Sistema Cameron da Divisão Gráfica da
DISTRIBUIDORA RECORD DE SERVIÇOS DE IMPRENSA S.A.
Rua Argentina 171 – Rio de Janeiro, RJ – 20921-380 – Tel.: 2585-2000